TATLI TAHTALARININ TAMAMI TARİF KİTABI

Üstün Masa Deneyimi ile Tatlı Oyununuzu Yükseltin

Sudenaz Bulut

Telif Hakkı Malzemesi ©2024

Her hakkı saklıdır

Bu kitabın hiçbir bölümü, incelemede kullanılan kısa alıntılar dışında, yayıncının ve telif hakkı sahibinin uygun yazılı izni olmadan, hiçbir şekilde veya yöntemle kullanılamaz veya aktarılamaz. Bu kitap tıbbi, hukuki veya diğer profesyonel tavsiyelerin yerine geçmemelidir.

İÇİNDEKİLER _

İÇİNDEKİLER _ 3
GİRİİŞ 7
ŞENLİK TATLI TAHTALARI 8
   1. Azİz Patrick Günü Şanslı Takılar Tatlı Tahtası 9
   2. Çin Yeni Yılı Kutlama Tatlı Tahtası 11
   3. Paskalya Şarküteri Kurulu 13
   4. Sevgililer Günü Tatlı Tahtası 15
   5. Noel Tatlısı Şarküteri Kurulu 17
   6. Şenlikli ve Renkli Doğum Günü Partisi Şarküteri Panosu 19
   7. Noel Kurabiyesi Extravaganza Tatlı Tahtası 21
   8. Noel Şekeri Şarküteri Kurulu 23
   9. Tatil Tatlısı Şarküteri Tahtası 25
   10. Hanuka Kutlaması Tatlı Tahtası 27
   11. Yılbaşı Kutlaması Tatlı Tahtası 29
   12. Sevgililer Günü SevgilimTatlı Tahtası 31
   13. Paskalya Tavşanı Lokumu Tatlı Tahtası 33
   14. 4 Temmuz Havai Fişek Tatlı Panosu 35
   15. Cadılar Bayramı Perili Lokumlar Tatlı Tahtası 37
   16. Şükran Günü Hasat Tatlı Tahtası 39
   17. Diwali Işık Festivali Tatlı Tahtası 41
   18. Ramazan İftar Tatlı Tahtası 43
   19. Cinco de Mayo Fiesta Tatlı Tahtası 45
   20. Yaz Gündönümü Güneş Işığı Tatlı Tahtası 47
   21. Oktoberfest Kutlama Tatlı Tahtası 49
   22. Kış Gündönümü Ayaz Lokumlar Tatlı Tahtası 51
BÖLGESEL TATLI PANOLARI 53
   23. Akçaağaç Kreması ve Elmalı Fırında Brie Tahtası 54
   24. İtalyan Tatlı Tahtası 56
   25. Fransız Tatlı Tahtası 58
   26. Amerikan Tatlı Tahtası 60
   27. Japon Tatlı Tahtası 62

28. Meksika Tatlı Tahtası 64
29. Hint Tatlı Tahtası 66
30. Yunan Tatlı Tahtası 68
31. Brezilya Tatlı Tahtası 70
32. Fas Tatlı Tahtası 72
33. Tayland Tatlı Tahtası 74
34. İspanyol Tatlı Tahtası 76
35. Vietnam Tatlı Tahtası 78
36. Türk Tatlı Tahtası 80
37. Arjantin Tatlı Tahtası 82
38. Kore Tatlı Tahtası 84
39. Avustralya Tatlı Kurulu 86
40. Lübnan Tatlı Tahtası 88
41. İsveç Tatlı Tahtası 90
42. Nijerya Tatlı Tahtası 92
43. İsviçre Tatlı Tahtası 94
44. Güney Afrika Tatlı Kurulu 96
45. Malezya Tatlı Tahtası 98
46. İsrail Tatlı Kurulu 100

MEVSİM TATLI TAHTALARI 102

47. Bahar Tatlı Tahtası 103
48. Yaz Tatlısı Tahtası 105
49. Sonbahar Tatlı Tahtası 107
50. Kış Tatlı Tahtası 109
51. Erken Yaz Dut mutluluğu Tatlı Tahtası 111
52. Yaz Sonu Taş Meyveli Lokum Tatlı Tabağı 113
53. Rahat Sonbahar Hasadı Tatlı Tahtası 115
54. Kış Harikalar Diyarı Tatlı Tahtası 117

TEMALI TATLI TAHTALARI 119

55. Film Gecesi Şarküteri Panosu 120
56. Patlamış Mısır Film Gecesi Şarküteri Panosu 122
57. Taco Gece Şarküteri Kurulu 124
58. Bahçe Partisi Tatlı Tahtası 126
59. Plaj Partisi Tatlı Tahtası 128
60. Kitap Severlerin Tatlı Tahtası 130

61. Oyun Gecesi Tatlı Tahtası 132
62. Maskeli Balo Tatlı Tahtası 134
63. Uzay Araştırmaları Tatlı Tahtası 136
64. Karnaval Eğlenceli Tatlı Tahtası 138
65. Tropikal Luau Tatlı Tahtası 140
66. Unicorn Fantazi Tatlı Tahtası 142
67. Müzik Festivali Vibes Tatlı Tahtası 144
68. Kış Harikalar Diyarı Tatlı Tahtası 146
69. Retro 80'lerin Geçmişe Dönüş Tatlı Tahtası 148
70. Yaz Kampı Ateşi S'mores Tatlı Tahtası 150
71. Dedektif Gizem Tatlı Tahtası 152
72. Bahar Bahçesi Çay Partisi Tatlı Tahtası 154

ÇİKOLATA TATLI TAHTALARI 156

73. Çikolatalı Şarküteri Tahtası 157
74. Şeker Diyarı 'Jarcuterie' 159
75. Meyve Tahtası 161
76. Kızılcık Çikolatalı Trüflü Tatlı Tahtası 163
77. S'mores Şarküteri Kurulu 165
78. Peynir Fondü Tahtası 167
79. Nefis Çikolatalı Fondü Şarküteri Tahtası 169
80. Decadent Çikolata Severler Tatlı Tahtası 171
81. Klasik Çikolata Favoriler Tatlı Tahtası 173
82. Gurme Çikolata Tadım Tatlı Tahtası 175
83. Beyaz Çikolata Harikalar Diyarı Tatlı Tahtası 177
84. Taşlı yolHoşgörü Tatlı Tahtası 179
85. Naneli Çikolatalı Mutluluk Tatlı Tahtası 181
86. Chocoholic'in Rüyası Tatlı Tahtası 183
87. Karamelli Çikolatalı Lokum Tatlı Tahtası 185
88. S'mores Galore Tatlı Tahtası 187
89. Beyaz Çikolatalı Ahududu Romance Tatlı Tahtası 189
90. Fındıklı Çikolatalı Cennet Tatlısı Tahtası 191
91. Çikolataya Batırılmış Lezzetler Tatlı Tabağı 193

MEYVE ODAKLI TATLI TAHTALARI 195

92. Dut mutluluğuBonanza Tatlı Tahtası 196
93. Tropikal Meyve Cenneti Tatlı Tahtası 198

94. Narenciye Patlaması Extravaganza Tatlı Tahtası 200
95. Orchard Hasat Lezzetleri Tatlı Tahtası 202
96. Kavun Karışık Tatlı Tahtası 204
97. Egzotik Meyve Macerası Tatlı Tahtası 206
98. Yaz meyvesi Fiesta Tatlı Tahtası 208
99. Narenciye Karnavalı Tatlı Tahtası 210
100. Mango Delilik Tatlı Tahtası 212

ÇÖZÜM 214

GİRİİŞ

Tatlı oyununuzu geliştirmek ve en iyi masa deneyimini yaratmak için nihai rehberiniz olan "Tatlı Tahtaları Tarif Kitabı"na hoş geldiniz. Bu yemek kitabı, yaratıcılığın, hoşgörünün ve nefis tatlıları görsel olarak çarpıcı ve baştan çıkarıcı bir sunumla paylaşmanın getirdiği neşenin bir kutlamasıdır. Geleneksel tatlıları göz ve damak zevkine hitap eden bir ziyafete dönüştüren, unutulmaz bir mutfak deneyimi için insanları bir araya getiren bir yolculuğa bize katılın.

Çöken çikolatalardan canlı meyvelere kadar, hepsi güzelce hazırlanmış bir tatlı tahtası üzerinde ustaca düzenlenmiş bir dizi leziz ikramla dolu bir ziyafet hayal edin. "Tatlı Tahtalarının Tamamı Tarif Kitabı" yalnızca tariflerden oluşan bir koleksiyon değildir; sunum sanatının, lezzetlerin uyumunun ve tatlıları ortak bir ortamda paylaşmanın keyfinin keşfi. İster özel bir gün planlıyor olun, ister sıradan bir günü tatlı bir kutlamaya dönüştürmek istiyor olun, bu tarifler sizi büyüleyen ve keyif veren tatlı tabakları yaratmanız için size ilham vermek üzere tasarlandı.

Çikolatalı fondü tabaklarından meyveli ve peynirli tatlılara, kurabiye tabaklarından zarif hamur işlerine kadar her tarif, tatlı tahtalarının sunabileceği çeşitliliğin ve çöküşün bir kutlamasıdır. İster deneyimli bir pasta şefi, ister ev yapımı hevesli bir pastacı olun, bu yemek kitabı görsel açıdan büyüleyici ve karşı konulamaz derecede lezzetli tatlı tabakları oluşturmak için başvuracağınız kaynaktır.

Her yaratımın, tatlıları ortak bir deneyime dönüştürmenin getirdiği sanatın ve neşenin bir kanıtı olduğu tatlı tahtaları dünyasında bir yolculuğa çıkarken bize katılın. Öyleyse en sevdiğiniz ikramları toplayın, yaratıcılığı kucaklayın ve "Tatlı Tahtaları Tarif Kitabı" ile tatlı oyununuzu bir üst seviyeye taşıyalım.

ŞENLİK TATLI TAHTALARI

1.Aziz Patrick Günü Şanslı Takılar Tatlı Tahtası

İÇİNDEKİLER:
- Yonca Şekerli Kurabiye
- Gökküşağı kekleri
- Altın Çikolata Paraları Potu
- Naneli Çikolatalı Brownie Lokmaları
- Şanslı Takılar Marshmallow İkramları
- İrlanda Kremalı Çikolatalı Trüf
- Karamel Soslu Yeşil Elma Dilimleri

TALİMATLAR:
a) Yonca şekerli kurabiyeleri ve gökkuşağı keklerini düzenleyin.
b) Bir tencereye altın çikolata paraları ve naneli çikolatalı brownie ısırıkları yerleştirin.
c) Lucky Charms marshmallow ikramlarını ve İrlanda kremalı çikolatalı yer mantarlarını dağıtın.
ç) Karamel soslu yeşil elma dilimlerini ekleyin.

2.Çin Yeni Yılı Kutlama Tatlı Tahtası

İÇİNDEKİLER:
- Kırmızı Fasulye Susam Topları
- Ananaslı Turtalar
- Bademli kurabiye
- Uzun Ömür Erişte (Meyan Kökü Şekeri)
- Mandalina Portakallı Jöle Bardakları
- Fal kurabiyesi
- Matcha Pocky Çubukları

TALİMATLAR:
a) Kırmızı fasulyeli susam toplarını ve ananaslı turtaları düzenleyin.
b) Bademli kurabiyeleri ve uzun ömürlü erişteleri yerleştirin.
c) Mandalina portakallı jöle kaplarını ve fal kurabiyelerini ekleyin.
ç) Yeşil bir dokunuş için matcha Pocky çubuklarını ekleyin.

3.Paskalya Şarküteri Kurulu

İÇİNDEKİLER:
- Pastel renklerde boyanmış haşlanmış yumurta
- Çeşitli Paskalya şekerleri (jöle fasulye, Peeps veya çikolatalı yumurta gibi)
- Paskalya temalı tasarımlarla süslenmiş mini kekler veya kurabiyeler
- Havuç çubukları veya bebek havuç
- Paskalya şekillerine kesilmiş çeşitli peynirler (tavşanlar veya yumurtalar gibi)
- Çeşitli krakerler veya ekmek çubukları
- Garnitür için taze bahar otları veya yenilebilir çiçekler

TALİMATLAR:
a) Boyalı haşlanmış yumurtaları büyük bir servis tahtası veya tabağa yerleştirin.
b) Çeşitli Paskalya şekerlerini yumurtaların yanına yerleştirin.
c) Tatlı ve şenlikli bir dokunuş için tahtaya Paskalya temalı tasarımlarla süslenmiş mini kekler veya kurabiyeler ekleyin.
ç) Havuç çubuklarını veya yavru havuçları havuç şeklinde tahtaya dizin.
d) Daha fazla ilgi çekmek için tavşanlar veya yumurtalar gibi Paskalya şekillerine kesilmiş çeşitli peynirleri ekleyin.
e) Konukların peynirlerin ve diğer ikramların tadını çıkarması için çeşitli krakerler veya galetalar sağlayın.
f) Daha fazla tazelik ve görsel çekicilik için taze bahar bitkileri veya yenilebilir çiçeklerle süsleyin.
g) Servis yapın ve tadını çıkarın!

4.Sevgililer Günü Tatlı Tahtası

İÇİNDEKİLER:
- Kalp şeklinde kurabiyeler veya kekler
- Çikolata Kaplı Çilek
- Kırmızı kadife kekler veya kek çıkar
- Çeşitli çikolatalar veya yer mantarı
- Çilekli veya ahududulu yoğurt veya sos
- Taze çilek veya ahududu
- Pembe veya kırmızı şeker kalpleri veya öpücükler
- Dekorasyon için serpintiler veya yenilebilir parıltılar

TALİMATLAR:
a) Kalp şeklindeki kurabiyeleri veya brownieleri geniş bir servis tahtası veya tabağa dizin.
b) Kurabiyelerin veya brownilerin yanına çikolata kaplı çilekleri yerleştirin.
c) Şenlikli ve hoşgörülü bir ikram için tahtaya kırmızı kadife kekler veya kek kalıpları ekleyin.
ç) Çeşitlilik ve zenginlik için çeşitli çikolataları veya yer mantarlarını ekleyin.
d) Çilekli veya ahududulu yoğurt sağlayın veya daldırma için küçük tabaklara batırın.
e) Tazelik ve keskin bir tat için taze çilek veya ahududu serpin.
f) Romantik bir dokunuş için pembe veya kırmızı şeker kalpleri veya öpücükler ekleyin.
g) Daha fazla dekorasyon için tahtanın üzerine serpin veya yenilebilir parıltı serpin.
ğ) Servis yapın ve tadını çıkarın!

5.Noel Tatlısı Şarküteri Kurulu

İÇİNDEKİLER:
- Çeşitli Noel kurabiyeleri (şekerli kurabiyeler, zencefilli kurabiyeler veya kurabiye kurabiyeleri gibi)
- Mini kekler veya brownie ısırıkları
- Nane kabuğu veya çikolata kaplı nane çubukları
- Yumurta likörü veya beyaz çikolatalı mus
- Taze kızılcık veya nar taneleri
- Baston şeker veya nane şekeri
- Tatil tatlarıyla (tarçın veya hindistan cevizi gibi) çeşitli fındık veya patlıcan karışımı
- Garnitür için taze nane veya biberiye dalları

TALİMATLAR:
a) Çeşitli Noel kurabiyelerini büyük bir servis tahtasına veya tabağa yerleştirin.
b) Kurabiyelerin yanına mini kekler veya brownie lokmaları yerleştirin.
c) Şenlikli ve naneli bir ikram için tahtaya nane kabuğu veya çikolata kaplı nane çubukları ekleyin.
ç) Kremsi ve hoşgörülü bir unsur için küçük tabaklarda yumurta likörü veya beyaz çikolatalı mus sağlayın.
d) Bir renk patlaması ve keskin bir tat için taze kızılcık veya nar çekirdeği serpin.
e) Klasik bir Noel dokunuşu için şeker kamışlarını veya nane şekerlerini ekleyin.
f) Daha fazla çıtırlık ve sıcaklık için tahtaya tarçın veya hindistan cevizi gibi tatil tatları içeren çeşitli fındık veya iz karışımı ekleyin.
g) Daha fazla tazelik ve görsel çekicilik için taze nane veya biberiye dallarıyla süsleyin.
ğ) Servis yapın ve tadını çıkarın!

6. Şenlikli ve Renkli Doğum Günü Partisi Şarküteri Panosu

İÇİNDEKİLER:
- Çeşitli renkli şekerler (sakızlı ayılar, M&M'ler veya jelibonlar gibi)
- Mini kekler veya kek çıkar
- Çeşitli kurabiyeler veya makaronlar
- Çikolata kaplı simit veya patlamış mısır
- Meyve şişleri veya meyve kebapları
- Çeşitli soslar (çikolata sosu veya krem peynir sosu gibi)
- Dekorasyon için gökkuşağı serpintileri veya yenilebilir parıltılar

TALİMATLAR:
a) Çeşitli renkli şekerleri büyük bir servis tahtası veya tabağa ayrı kaselere yerleştirin.
b) Şekerlerin yanına mini kekler veya kek kalıpları yerleştirin.
c) Çeşitlilik ve tatlılık için tahtaya çeşitli kurabiyeler veya makaronlar ekleyin.
ç) Tuzlu ve tatlı bir kombinasyon için çikolata kaplı simit veya patlamış mısır ekleyin.
d) Meyve şişleri için taze meyveleri şişleyin veya meyve kebapları hazırlayın.
e) Konukların meyvelerin ve diğer ikramların tadını çıkarması için çikolata sosu veya krem peynir sosu gibi çeşitli soslar sağlayın.
f) Şenlikli ve renkli bir dokunuş için tahtanın üzerine gökkuşağı serpintileri veya yenilebilir parıltı serpin.
g) Servis yapın ve tadını çıkarın!

7.Noel Kurabiyesi Extravaganza Tatlı Tahtası

İÇİNDEKİLER:
- Şekerli Kurabiyeler (yıldızlar, ağaçlar ve çanlar şeklinde)
- Zencefilli kurabiye
- Nane Çikolata Kabuğu
- Linzer Kurabiyeleri
- Çikolataya Daldırılmış Pretzel Çubukları
- Yumurtalı Şekerleme
- Baston Şekerler

TALİMATLAR:
a) Noel şeklinde şekerli kurabiye çeşitlerini düzenleyin.
b) Zencefilli kurabiyeleri ve naneli çikolata kabuğunu yerleştirin.
c) Linzer kurabiyelerini ve çikolataya batırılmış tuzlu kraker çubuklarını dağıtın.
ç) Isırık büyüklüğünde yumurta likörü şekerlemesi kareleri ekleyin.
d) Şenlikli bir dokunuş için şeker kamışlarıyla süsleyin.

8.Noel Şekeri Şarküteri Kurulu

İÇİNDEKİLER:
- Sütlü Çikolata Aromalı Karıştırma Kaşıkları
- Noel Baba Tatil Partisi Arkadaşları
- Naneli Çanlar
- Ren geyiği atıştırmalık karışımı
- Çeşitli kurabiyeler ve graham krakerleri vb.
- Nane tereyağlı krema, Nutella vb.
- Ahşap kesme tahtası

TALİMATLAR:
a) Şekerleri küçük tabaklara yerleştirebilirsiniz.
b) Kaşıkların ortasına biraz çikolatalı krema ekleyin ve üzerine mini marshmallow ekleyin. Çok tatlı!

9.Tatil Tatlısı Şarküteri Tahtası

İÇİNDEKİLER:
- tatil M&M'ler
- galeta
- Bademli kurabiye
- Kartopu kurabiyeleri
- çikolatalar
- baston şekerler
- çikolata kaplı kiraz şerbetleri
- nane kabuğu
- kek Noel ağaçları (veya normal kekler; tatil renginin bir sıçraması için kırmızı veya yeşil krema ekleyin)
- karamelli patlamış mısır
- iz karışımı
- çamurlu Arkadaşlar
- çikolata veya yoğurt kaplı simit
- çikolataya batırılmış çubuk kraker çubukları
- karamel kareler
- Marşmelov

TALİMATLAR:
a) Sahip olduğunuz en büyük servis tahtasını veya ahşap kesme tahtasını bulun ve özel bir tatlı istasyonu kurun.
b) Tatlı ikram gruplarını demetler halinde yerleştirin. Gevşek şekerler için daha kısa jöle kavanozları ve kaseleri kullanabilirsiniz (çoğunlukla yuvarlanmalarını önlemek için).
c) Şarküteri tahtanızı koymadan önce şeker kamışı, çikolata ve karamel kareleri gibi şekerlerinizin ambalajını açtığınızdan emin olun.

10. Hanuka Kutlaması Tatlı Tahtası

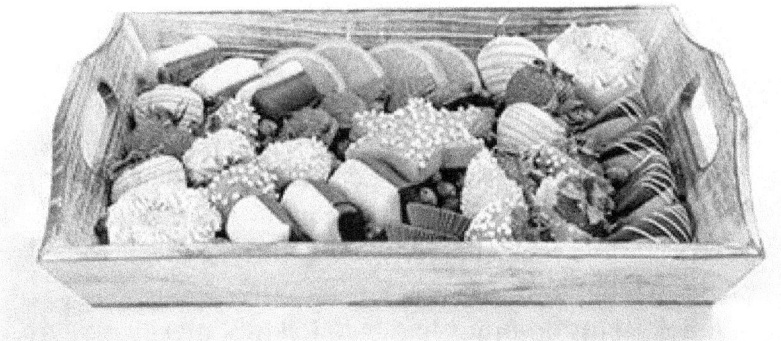

İÇİNDEKİLER:
- Rugelach (çikolata, fındık ve meyve ile doldurulmuş)
- Sufganiyot (jöleli çörekler)
- Mavi ve Beyaz M&M's veya Çikolatalı Drajeler
- Hanuka Şekerli Kurabiyeler
- Menora Şeklinde Çikolata Kaplı Kraker
- Çikolatalı Jel
- Ballı Kek Dilimleri

TALİMATLAR:
a) Rugelach ve sufganiyot'u tahtaya dizin.
b) Mavi ve beyaz M&M'leri veya çikolatalı drajeleri ekleyin.
c) Hanuka şekerli kurabiyelerini ve menora şeklindeki çikolata kaplı simitleri yerleştirin.
ç) Çikolata jelini tahtanın etrafına dağıtın.
d) Geleneksel bir dokunuş için ballı kek dilimlerini ekleyin.

11.Yılbaşı Kutlaması Tatlı Tahtası

İÇİNDEKİLER:
- Şampanya Yermantarları
- Köpüklü Şarap Sakızlı Ayılar
- Çikolata Kaplı Çilek
- Mini Cheesecake Lokmaları
- Altın Tozlu Makaronlar
- Şenlikli Kapkekler
- Soslu Bitter Çikolata Fondü

TALİMATLAR:
a) Şampanya mantarlarını ve köpüklü şaraplı sakızlı ayıcıkları hazırlayın.
b) Çikolata kaplı çilekleri ve mini cheesecake lokmalarını yerleştirin.
c) Altın tozlu makaronları ve şenlikli kekleri dağıtın.
ç) Çeşitli soslarla koyu çikolata fondü hazırlayın.

12. Sevgililer Günü SevgilimTatlı Tahtası

İÇİNDEKİLER:
- Kalp Şeklinde Kırmızı Kadife Whoopie Pies
- Çikolata Kaplı Çilek
- Ahududu ve Beyaz Çikolatalı Sarışınlar
- Çilekli Kurabiye Şişleri
- Konuşma Kalpli Şekerli Kurabiye
- Kırmızı Kadife Yermantarları
- Nar Taneleri

TALİMATLAR:
a) Kalp şeklinde kırmızı kadife boğmaca turtaları ve çikolata kaplı çilekleri düzenleyin.
b) Ahududu ve beyaz çikolatalı sarışınları ve çilekli kurabiye şişlerini yerleştirin.
c) Konuşma kalpli şekerli kurabiyeleri ve kırmızı kadife yer mantarlarını dağıtın.
ç) Bir renk patlaması için nar taneleri serpin.

13. Paskalya Tavşanı Lokumu Tatlı Tahtası

İÇİNDEKİLER:
- Krem Peynirli Sırlı Havuçlu Kek Cupcakes
- Tavşan Şeklinde Şekerli Kurabiye
- Mini Çikolatalı Yumurtalar ve Folyoya Sarılmış Çikolatalı Tavşanlar
- Limonlu Yaban Mersinli Tart
- Mini Cadbury Yumurtalarıyla Doldurulmuş Hindistan Cevizi Acıbadem Kurabiyesi Yuvaları
- Beyaz Çikolata Kaplı Pretzel Çubukları

TALİMATLAR:
a) Havuçlu kek keklerini krem peynirli krema ile düzenleyin.
b) Tavşan şeklindeki şekerli kurabiyeleri ve mini çikolatalı yumurtaları yerleştirin.
c) Limonlu yaban mersinli turtaları ve hindistan cevizi acıbadem kurabiyesi yuvalarını dağıtın.
ç) Beyaz çikolata kaplı çubuk kraker çubuklarını ekleyin.

14.4 Temmuz Havai Fişek Tatlı Panosu

İÇİNDEKİLER:

- Bayrak temalı Meyve Kabobları (çilek, yaban mersini ve marshmallow)
- Kırmızı, Beyaz ve Yaban Mersinli Cheesecake Lokmaları
- Vatansever Şekerli Kurabiyeler
- Yaban Mersini ve Ahududu Meyveli Dondurmalar
- Havai Fişek Patlamış Mısır Karışımı (kırmızı, beyaz ve mavi çikolatalı patlamış mısır)
- Berry Limonata Şerbeti

TALİMATLAR:

a) Bayrak temalı meyve kebapları düzenleyin.
b) Kırmızı, beyaz ve yaban mersinli cheesecake ısırıklarını yerleştirin.
c) Vatansever şekerli kurabiyeleri ve meyveli dondurmaları dağıtın.
ç) Bir kase havai fişek patlamış mısır karışımını ve porsiyon meyveli limonata şerbetini ekleyin.

15.Cadılar Bayramı Perili Lokumlar Tatlı Tahtası

İÇİNDEKİLER:
- Cadı Şapkalı Kekler
- Mumya Brownie Isırıkları
- Şekerli Mısır Şekerli Kurabiye
- Balkabağı Baharatlı Kek Pops
- Hayalet Marshmallow Pops
- Karamelli Elma Dilimleri
- Çeşitli Cadılar Bayramı Şekerleri

TALİMATLAR:
a) Cadı şapkalı kekler ve mumya brownie ısırıkları düzenleyin.
b) Şekerli mısır şekerli kurabiyeleri ve balkabaklı baharatlı kek kalıplarını yerleştirin.
c) Hayalet marshmallowları ve karamelli elma dilimlerini dağıtın.
ç) Ürkütücü bir dokunuş için çeşitli Cadılar Bayramı şekerleri ekleyin.

16.Şükran Günü Hasat Tatlı Tahtası

İÇİNDEKİLER:
- Mini Balkabaklı Turta
- Cevizli pasta çubukları
- Elma Elma Şarabı Çörek Delikleri
- Akçaağaç Sırlı Elmalı Sarışınlar
- Hasat Yolu Karışımı (fındık, kurutulmuş meyve ve çikolata)
- Karamelli Elma Lolipopları
- Balkabağı Baharatlı Latte Mousse Bardakları

TALİMATLAR:
a) Mini balkabaklı turtalar ve cevizli turta barları düzenleyin.
b) Elma şarabı çörek deliklerini ve akçaağaç sırlı elmalı sarışınları yerleştirin.
c) Hasat yolu karışımını ve karamelli elma lolipoplarını dağıtın.
ç) Şenlikli bir dokunuş için kabak baharatlı latte köpük kapları ekleyin.

17.Diwali Işık Festivali Tatlı Tahtası

İÇİNDEKİLER:
- Gulab Jamun
- Jalebi
- Kaju Katli (Kaju Şekerlemesi)
- Hindistan Cevizi Ladoo
- Besan Ladoo
- Gajar Helva (Havuç Helvası)
- Fıstıklı ve Bademli Barfi

TALİMATLAR:
a) Gulab jamun, jalebi ve çeşitli ladooları tahtaya yerleştirin.
b) Kaju katli ve fıstık-badem barfi parçalarını yerleştirin.
c) Şenlikli bir dokunuş için porsiyon gajar helvası ekleyin.

18.Ramazan İftar Tatlı Tahtası

İÇİNDEKİLER:
- Katayef (Doldurulmuş Arap Krepleri)
- Basbusa (Revani)
- Fındık Dolması Hurmaları
- Baklava Çeşitleri
- Atayef Asafiri (Krema Dolgulu Krep)
- Künefe Ruloları
- Gül Sulu Sütlaç

TALİMATLAR:
a) Katayef, basbusa ve atayef asafiri'yi tahtaya dizin.
b) Fındıkla doldurulmuş hurma ve çeşitli baklavaları yerleştirin.
c) Künefe rulolarını ve bir porsiyon sütlacı gül suyuyla birlikte ekleyin.

19. Cinco de Mayo Fiesta Tatlı Tahtası

İÇİNDEKİLER:
- Churro ısırıkları
- Tres Leches Kek Kareleri
- Margarita Kapkekleri
- Dulce de Leche dolgulu Conchas
- Chili Lime Baharatlı Mango Dilimleri
- Meksika Çikolatalı Trüf
- Piñata Şekerli Kurabiye

TALİMATLAR:
a) Churro ısırıklarını ve tres leches kek karelerini düzenleyin.
b) Margarita keklerini ve dulce de leche dolgulu konkaları yerleştirin.
c) Mango dilimlerini biber limonu baharatıyla birlikte dağıtın.
ç) Meksika çikolatalı yer mantarlarını ve piñata şekerli kurabiyeleri ekleyin.

20.Yaz Gündönümü Güneş Işığı Tatlı Tahtası

İÇİNDEKİLER:
- limon çubuğu
- Portakallı Kremalı Dondurmalar
- Ananaslı Hindistan Cevizli Sütlaç Bardakları
- Berry Karışık Tartlets
- Ayçiçekli Şekerli Kurabiye
- Mango Şerbeti
- Kivi Dilimleri

TALİMATLAR:
a) Limon çubuklarını ve portakal kremalı dondurmaları düzenleyin.
b) Ananaslı, hindistancevizli sütlaç kaplarını ve meyveli karışık tartletleri yerleştirin.
c) Ayçiçeği şekerli kurabiyeleri dağıtın.
ç) Mango şerbeti ve kivi dilimlerinden kepçe ekleyin.

21.Oktoberfest Kutlama Tatlı Tahtası

İÇİNDEKİLER:
- Kara Orman Kapkekleri
- Elmalı Strudel Lokmaları
- Pretzel Karamelli Brownie Lokmaları
- Alman Çikolatalı Trüf
- Badem ezmesi dolgulu Stollen Dilimleri
- Erik Kuchen Barları
- Ballı-Bademli Lebkuchen Kurabiyeleri

TALİMATLAR:
a) Kara orman keklerini ve elmalı turta ısırıklarını düzenleyin.
b) Tuzlu kraker karamelli brownie ısırıklarını ve Alman çikolatalı yer mantarlarını yerleştirin.
c) Badem ezmesi dolgulu stollen dilimlerini ve erik kuchen çubuklarını dağıtın.
ç) Tatlı bir dokunuş için ballı-bademli lebkuchen kurabiyelerini ekleyin.

22. Kış Gündönümü Ayaz Lokumlar Tatlı Tahtası

İÇİNDEKİLER:
- Nane Kabuğu
- Kar Tanesi Şekerli Kurabiye
- Sıcak Çikolatalı Cupcakeler
- Kış Harikalar Diyarı Pastası Pops
- Beyaz Çikolataya Daldırılmış Pretzel Çubukları
- Köpüklü Kızılcık Şerbeti
- Eggnog Cheesecake Isırmaları

TALİMATLAR:
a) Nane kabuğu ve kar tanesi şekerli kurabiyeleri düzenleyin.
b) Sıcak çikolatalı kekleri ve kış harikalar diyarı kek kalıplarını yerleştirin.
c) Beyaz çikolataya batırılmış çubuk kraker çubuklarını dağıtın.
ç) Köpüklü kızılcık şerbeti ve yumurtalı cheesecake ısırıklarından oluşan kaşıkları ekleyin.

BÖLGESEL TATLI PANOLARI

23. Akçaağaç Kreması ve Elmalı Fırında Brie Tahtası

İÇİNDEKİLER:

- Brie peynir çarkı
- Akçaağaç kreması veya akçaağaç şurubu
- dilimlenmiş elma
- Çeşitli kraker veya ekmek
- Fındık (ceviz veya ceviz gibi)
- Garnitür için taze biberiye dalları

TALİMATLAR:

a) Fırınınızı önceden 350°F (175°C) ısıtın.
b) Brie peynir çarkını parşömen kağıdıyla kaplı bir fırın tepsisine yerleştirin.
c) Brie peynirinin üzerine akçaağaç kremasını veya akçaağaç şurubunu gezdirin.
ç) Önceden ısıtılmış fırında yaklaşık 10-12 dakika veya peynir yumuşak ve yapışkan hale gelinceye kadar pişirin.
d) Fırından çıkarın ve hafifçe soğumasını bekleyin.
e) Dilimlenmiş elmaları servis tahtası veya tabağa pişmiş Brie'nin çevresine dizin.
f) Konukların peynir ve elmanın tadını çıkarması için çeşitli krakerler veya ekmek ekleyin.
g) Daha fazla çıtırlık ve lezzet için tahtanın etrafına fındık dağıtın.
ğ) Daha fazla tazelik ve görsel çekicilik için taze biberiye dallarıyla süsleyin.
h) Servis yapın ve tadını çıkarın!

24. İtalyan Tatlı Tahtası

İÇİNDEKİLER:

- Cannoli kabukları
- Tiramisu bardakları
- Meyve kompostosu ile panna cotta
- Amaretti kurabiyeleri
- Çikolata kaplı espresso çekirdekleri
- taze orman meyveleri

TALİMATLAR:

a) Cannoli kabuklarını ve tiramisu kaplarını tahtaya dizin.
b) Panna cotta'yı tek tek porsiyonlara yerleştirin ve üzerine meyve kompostosu ekleyin.
c) Amaretti kurabiyelerini ve çikolata kaplı espresso çekirdeklerini dağıtın.
ç) Taze meyvelerle süsleyin.

25. Fransız Tatlı Tahtası

İÇİNDEKİLER:
- Eklerler
- Makaron (çeşitli tatlar)
- Krem brûlée
- Madeleinler
- Meyveli turtalar
- Çikolata Truffles

TALİMATLAR:
a) Eklerleri ve makaronları tahtaya dizin.
b) Crème brûlée'nin tek tek porsiyonlarını yerleştirin.
c) Madeleinleri, meyveli turtaları ve çikolatalı yer mantarlarını dağıtın.
ç) Dekoratif bir dokunuş için yenilebilir çiçekler ekleyin.

26. Amerikan Tatlı Tahtası

İÇİNDEKİLER:
- Elmalı turta dilimleri
- Cheesecake kareleri
- Cevizli pasta çubukları
- Brownie ısırıkları
- Çeşitli şekerler
- Karamelli patlamış mısır

TALİMATLAR:
a) Elmalı turta dilimlerini ve cheesecake karelerini düzenleyin.
b) Cevizli pasta çubuklarını ve brownie ısırıklarını tahtaya yerleştirin.
c) Çeşitli şekerleri ve karamelli patlamış mısırı dağıtın.
ç) Tatlıların üzerine karamel sosunu gezdirin.

27.Japon Tatlı Tahtası

İÇİNDEKİLER:
- Mochi dondurması (çeşitli tatlar)
- Matcha peynirli kek ısırıkları
- Taiyaki (tatlı dolgulu balık şeklinde hamur işleri)
- Yokan (tatlı kırmızı fasulye jölesi)
- Dorayaki (kırmızı fasulye dolgulu tatlı krep)
- Taze liçi

TALİMATLAR:
a) Mochi dondurmasını ve matcha peynirli kek ısırıklarını düzenleyin.
b) Taiyaki ve yokan'ı tahtaya yerleştirin.
c) Dorayaki ve taze liçiyi dağıtın.
ç) Bir renk tonu için nane yapraklarıyla süsleyin.

28. Meksika Tatlı Tahtası

İÇİNDEKİLER:
- Çikolata Soslu Churros
- Tres leches kek kareleri
- Meksika Düğün Kurabiyeleri
- Mango ve biber tozu
- Dulce de leche turta
- Tarçınlı şekerli sopapillas

TALİMATLAR:
a) Churros'u çikolata sosuyla birlikte düzenleyin.
b) Tres leches kek karelerini tahtaya yerleştirin.
c) Meksika düğün kurabiyelerini ve mango dilimlerini dağıtın.
ç) Dulce de leche börek ve tarçınlı şekerli sopapillas ekleyin.

29.Hint Tatlı Tahtası

İÇİNDEKİLER:
- Gulab jamun
- Rasgulla
- Jalebi
- Kheer bardakları
- Hindistan cevizi ladoo
- Fıstıklı ve bademli burfi

TALİMATLAR:
a) Gulab jamun ve rasgulla'yı tahtaya yerleştirin.
b) Jalebi'yi görsel olarak çekici bir desene yerleştirin.
c) Bireysel porsiyon kheer bardakları ekleyin.
ç) Hindistan cevizi ladoo ve fıstık-badem burfiyi serpin.

30.Yunan Tatlı Tahtası

İÇİNDEKİLER:

- Baklava ısırıkları
- Loukoumades (Yunan çörekleri)
- Bal ve cevizli yoğurt
- Galaktoboureko (muhallebi dolgulu yufka böreği)
- İncirli ve ballı hamur işleri
- Kayısı ve beyaz peynir

TALİMATLAR:

a) Baklava lokmalarını ve lokumları tahtaya dizin.
b) Bal ve cevizli yoğurdu küçük kaselere koyun.
c) Galaktoboureko dilimlerini, incir ve ballı hamur işlerini ekleyin.
ç) Taze kayısıları ve beyaz peynir parçalarını serpin.

31. Brezilya Tatlı Tahtası

İÇİNDEKİLER:

- Brigadeiros (çikolatalı yer mantarı)
- Beijinhos (hindistancevizi yer mantarı)
- Quindim (hindistancevizi ve yumurta sarısı muhallebi)
- Cocada (hindistancevizi ve yoğunlaştırılmış süt tatlısı)
- Pão de mel (ballı ekmek)
- Tutku meyvesi köpüğü bardakları

TALİMATLAR:

a) Tugayları ve beijinholarını tahtaya yerleştirin.
b) Quindim ve cocada'yı küçük porsiyonlara yerleştirin.
c) Pão de mel dilimleri ekleyin.
ç) Çarkıfelek meyveli köpük bardaklarını dağıtın.

32. Fas Tatlı Tahtası

İÇİNDEKİLER:
- Baklava puroları
- Ma'amoul kurabiyeleri (hurmalı ve fındık dolgulu)
- Gül suyu kokulu nuga
- Nane çayı ile zenginleştirilmiş meyve salatası
- Susamlı ve ballı kurabiyeler
- Badem ve portakal çiçeği hamur işleri

TALİMATLAR:
a) Baklava purolarını ve hanımefendi kurabiyelerini tahtaya dizin.
b) Gül suyu kokulu nugaları küçük parçalar halinde ekleyin.
c) Ferahlatıcı nane çayı ile zenginleştirilmiş bir meyve salatası hazırlayın.
ç) Susamlı ve ballı kurabiyeleri ve bademli-portakal çiçekli hamur işlerini ekleyin.

33. Tayland Tatlı Tahtası

İÇİNDEKİLER:

- Mangolu yapışkan pirinç
- Hindistan cevizi sütü ve pandan jölesi
- Tayland hindistancevizi topları (kanom tom)
- Taro ve hindistancevizi muhallebi bardakları
- Tayland buzlu çay panna cotta
- Kızarmış muzlu börek

TALİMATLAR:

a) Mangolu yapışkan pirinci, hindistancevizi sütünü ve pandan jölesini düzenleyin.
b) Tay hindistancevizi toplarını ve taro-hindistan cevizi muhallebi kaplarını ekleyin.
c) Bireysel porsiyon Tay buzlu çayı panna cotta hazırlayın.
ç) Kızartılmış muzlu börekleri tahtaya dağıtın.

34. İspanyol Tatlı Tahtası

İÇİNDEKİLER:

- Karamel daldırma soslu Churro ısırıkları
- İspanyol böreği
- Turrón (badem nugası)
- Krema Katalanası
- Polvorones (bademli kurabiye)
- Portakallı ve bademli kek dilimleri

TALİMATLAR:

a) Churro ısırıklarını karamelli dip sosla birlikte düzenleyin.
b) İspanyol turtasını ve turrón dilimlerini tahtaya yerleştirin.
c) Bireysel porsiyonlara Crema Catalana ekleyin.
ç) Polvoronları ve portakallı-bademli kek dilimlerini ekleyin.

35. Vietnam Tatlı Tahtası

İÇİNDEKİLER:
- Vietnam Hindistan cevizi ve pandan jölesi
- Che Ba Mau (üç renkli tatlı)
- Banh Cam (susamlı toplar)
- Xoi La Cam (maş fasulyesi yapışkan pirinç)
- Vietnam kahvesi aromalı turta
- Jackfruit ve lychee böreği

TALİMATLAR:
a) Vietnam Hindistan cevizini ve pandan jölesini tahtaya dizin.
b) Che Ba Mau ve Banh Cam porsiyonlarını ekleyin.
c) Xoi La Cam'ı küçük porsiyonlar halinde ekleyin.
ç) Vietnam kahvesi aromalı turtanın bireysel porsiyonlarını oluşturun.
d) Nefesi ve liçi böreğini dağıtın.

36.Türk Tatlı Tahtası

İÇİNDEKİLER:
- Türk lokumu (çeşitli tatlar)
- Künefe (tatlı peynir dolgulu rendelenmiş yufka)
- Revani (irmikli kek)
- Sütlaç (sütlaç)
- Baklava kareleri
- Fıstıklı kurabiye

TALİMATLAR:
a) Türk lokumunu çeşitli tatlarda düzenleyin.
b) Künefe ve revaniyi tahtaya yerleştirin.
c) Tek porsiyon sütlaç ekleyin.
ç) Baklava karelerini ve fıstıklı kurabiyeleri dağıtın.

37. Arjantin Tatlı Tahtası

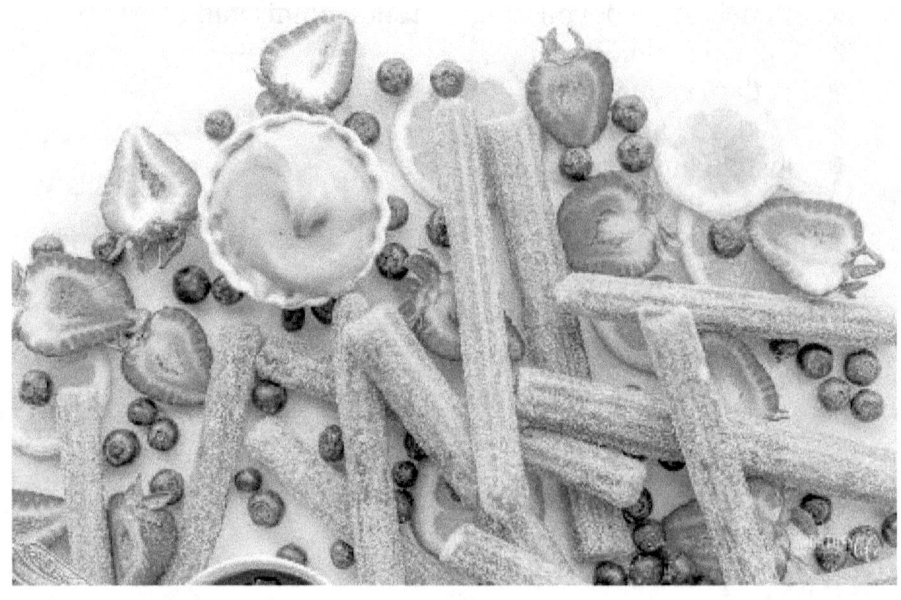

İÇİNDEKİLER:
- Alfajores (dulce de leche dolgulu kurabiyeler)
- Tres Leches kek dilimleri
- Chocotorta (çikolatalı ve kurabiyeli kek)
- Dulce de leche dolgulu tatlılar
- Peynirli ayva ezmesi
- Arjantin limonlu kurabiye (alfajor de limon)

TALİMATLAR:
a) Alfajores ve tres leches kek dilimlerini düzenleyin.
b) Chocotorta dilimlerini tahtaya yerleştirin.
c) Dulce de leche dolgulu tatlıları ekleyin.
ç) Peynirli ayva ezmesini ve Arjantin limonlu kurabiyeleri ekleyin.

38. Kore Tatlı Tahtası

İÇİNDEKİLER:
- Bingsu (traşlanmış buz tatlısı)
- Hotteok (esmer şeker dolgulu tatlı krep)
- Injeolmi (fasulye unu ile kaplanmış pirinç keki)
- Yakgwa (ballı kurabiye)
- Patbingsu (kırmızı fasulye traşlanmış buz)
- Kore pirinç keki şişleri

TALİMATLAR:
a) Bingsu ve hotteok'u tahtaya yerleştirin.
b) Injeolmi ve yakgwa'yı küçük porsiyonlara yerleştirin.
c) Patbingsu porsiyonlarını ekleyin.
ç) Çeşitlilik için Kore pirinç keki şişlerini ekleyin.

39. Avustralya Tatlı Kurulu

İÇİNDEKİLER:
- Lamingtons (hindistancevizi kaplı pandispanya)
- Taze meyvelerle Pavlova yuvaları
- Anzak bisküvileri (yulaflı ve hindistancevizli kurabiyeler)
- Tim Tam çikolatalı bisküvi
- Wattleseed ve macadamia fındıklı şekerleme
- Tutku meyveli tartletler

TALİMATLAR:
a) Tahtaya lamington ve pavlova yuvaları düzenleyin.
b) Anzak bisküvilerini ve Tim Tam çikolatalı bisküvilerini dağıtın.
c) Wattleseed ve macadamia fındıklı şekerleme parçalarını ekleyin.
ç) Ferahlatıcı bir dokunuş için çarkıfelek meyveli tartletleri ekleyin.

40.Lübnan Tatlı Tahtası

İÇİNDEKİLER:

- Ashta dolgulu warbat (yufka böreği)
- Ma'amoul (hurma ve fındık dolgulu kurabiyeler)
- Portakal çiçeği suyuyla sütlaç
- Lübnan susam şekeri (susamlı nuga)
- Atayef (doldurulmuş krep)
- Mafroukeh (irmik ve fındık tatlısı)

TALİMATLAR:

a) Kül dolu warbat ve ma'amoul'u tahtaya yerleştirin.
b) Sütlaçları küçük fincanlarda portakal çiçeği suyuyla birlikte servis edin.
c) Lübnan susam şekerini ve atayefini üzerine serpin.
ç) Çeşitlilik için mafroukeh parçalarını ekleyin.

41. İsveç Tatlı Tahtası

İÇİNDEKİLER:
- İsveç tarçınlı çörekler (kanelbullar)
- Prenses pasta dilimleri (prinsesstårta)
- İsveç kirazı tartletleri
- Badem ezmesi dolgulu çikolatalar
- Tereyağı ve peynirli çavdar gevrek ekmeği
- Yaban mersini çorbası (blåbärssoppa)

TALİMATLAR:
a) İsveç tarçınlı çöreklerini ve prenses pasta dilimlerini düzenleyin.
b) İsveç kirazı tartletlerini ve badem ezmesi dolgulu çikolataları ekleyin.
c) Yanında tereyağı ve peynirle birlikte çavdar gevreklerini servis edin.
ç) Küçük bardak yaban mersini çorbası ekleyin.

42.Nijerya Tatlı Tahtası

İÇİNDEKİLER:

- Chin-Chin (kızarmış hamur ısırıkları)
- Puff Puff (derin yağda kızartılmış hamur topları)
- Nijerya Hindistan Cevizi Şekeri
- Boli (ızgara plantain)
- Moi Moi (buğulanmış fasulye pudingi)
- Akara (kızarmış fasulyeli kek)

TALİMATLAR:

a) Tahtaya çene-çene ve puf puflarını düzenleyin.
b) Nijeryalı hindistancevizi şekeri parçalarını ekleyin.
c) Boli ve moi moi'yi küçük porsiyonlarda servis edin.
ç) Akara'yı lezzetli bir unsur olarak ekleyin.

43. İsviçre Tatlı Tahtası

İÇİNDEKİLER:

- Daldırılabilen İsviçre çikolatası fondü (meyve, marshmallow, simit)
- Nusstorte (fındık dolgulu turta)
- Basler Läckerli (baharatlı ballı kurabiye)
- İsviçre kremalı kurabiye
- Bircher müsli bardakları
- Zürcher Eintopf (Zürih usulü sıcak çikolata)

TALİMATLAR:

a) Çeşitli soslarla çikolata fondü kabı hazırlayın.
b) Nusstorte ve Basler Läckerli dilimlerini yerleştirin.
c) İsviçre kremalı kurabiyeleri ve bireysel huş müsli porsiyonlarını ekleyin.
ç) Yudumlamak için küçük fincanlarda Zürcher Eintopf ekleyin.

44.Güney Afrika Tatlı Kurulu

İÇİNDEKİLER:
- Malva puding
- Koeksisters (kızarmış hamur işleri)
- Melktert (sütlü tart)
- Amarula Çikolatalı Mus
- Rooibos ile aşılanmış Haşlanmış Armut
- Hertzoggie Kurabiyeleri

TALİMATLAR:
a) Malva pudingini ve koeksisterleri tahtaya dizin.
b) Melktert dilimlerini ve tek porsiyon Amarula çikolatalı mus yerleştirin.
c) Eşsiz bir dokunuş için rooibos ile aşılanmış haşlanmış armut ekleyin.
ç) Hindistan cevizi ve reçel aroması için Hertzoggie kurabiyelerini ekleyin.

45. Malezya Tatlı Tahtası

İÇİNDEKİLER:

- Kuih Lapis (katmanlı buğulanmış kek)
- Ondeh-Ondeh (hurma şekerli yapışkan pirinç topları)
- Pulut Tai Tai (mavi yapışkan pirinç keki)
- Cendol (hurma şekeri ve hindistancevizi sütü ile traşlanmış buz)
- Yarı Haşlanmış Yumurtalı Kaya Tost
- Durian Moçi

TALİMATLAR:

a) Kuih lapis ve ondeh-ondeh'i tahtaya yerleştirin.
b) Pulut tai tai dilimlerini yerleştirin ve cendol'ü küçük kaselerde servis edin.
c) Lezzetli bir unsur için yarı haşlanmış yumurtalı kaya tostu ekleyin.
ç) Eşsiz bir Malezya meyvesi tadı için durian mochi'yi ekleyin.

46. İsrail Tatlı Kurulu

İÇİNDEKİLER:

- Rugelach (dolgulu rulo hamur işi)
- Helva dilimleri (susam bazlı tatlı)
- Sufganiyot (jöleli çörekler)
- Malabi (gül suyu pudingi)
- Çikolatalı Babka dilimleri
- İsrail Meyve Salatası

TALİMATLAR:

a) Rugelach ve helva dilimlerini tahtaya dizin.
b) Sufganiyot ve malabiyi küçük porsiyonlara yerleştirin.
c) Zengin bir çikolata tadı için çikolatalı babka dilimleri ekleyin.
ç) Canlandırıcı bir dokunuş için İsrail meyve salatası servis edin.

MEVSİM TATLI TAHTALARI

47. Bahar Tatlı Tahtası

İÇİNDEKİLER:
- Çilekli Kurabiye ısırıkları
- Limonlu Yaban Mersinli Tartlet
- Fıstıklı ve Ballı Yoğurtlu Parfe
- Yenilebilir Çiçek Yaprağı Cupcakes
- Taze Meyveli Mini Pavlova Yuvaları
- Ravent Şerbeti

TALİMATLAR:
a) Çilekli kurabiye ısırıklarını ve limonlu yaban mersinli tartletleri düzenleyin.
b) Fıstıklı ve ballı yoğurtlu parfeleri küçük bardaklara yerleştirin.
c) Taze meyvelerle doldurulmuş mini pavlova yuvalarıyla süsleyin.
ç) Yenilebilir çiçek yapraklarıyla süslenmiş kekler ekleyin.
d) Ravent şerbetini ayrı kaselerde servis edin.

48. Yaz Tatlısı Tahtası

İÇİNDEKİLER:
- Karpuz ve Beyaz Şiş
- Mango Hindistan Cevizli Sütlaç Bardakları
- Ballı Limon Çiseleyen Izgara Ananas
- Karışık Meyveli Cheesecake Lokmaları
- Tropikal Meyve Şerbeti
- Limonlu Pasta Barları

TALİMATLAR:
a) Karpuz ve beyaz peynir şişlerini tahtaya dizin.
b) Mangolu, hindistancevizli sütlaç kaplarını ve ızgara ananasları yerleştirin.
c) Karışık meyveli cheesecake parçalarını dağıtın.
ç) Tropikal meyve şerbetinden kepçe ekleyin.
d) Limonlu pasta çubuklarının dilimlerini ekleyin.

49.Sonbahar Tatlı Tahtası

İÇİNDEKİLER:
- Elma Elmalı Çörekler
- Balkabaklı Baharatlı Cheesecake Barlar
- Karamelli Elma Dilimleri
- Cevizli Turta Lokmaları
- Akçaağaç Cevizli Tartlets
- Kızılcık Portakallı Bademli Kek Dilimleri

TALİMATLAR:
a) Elma şarabı çöreklerini ve balkabağı baharatlı cheesecake barlarını düzenleyin.
b) Karamelli elma dilimlerini ve cevizli turta parçalarını yerleştirin.
c) Akçaağaç cevizli tartletleri dağıtın.
ç) Kızılcık portakallı bademli kek dilimlerini ekleyin.

50. Kış Tatlı Tahtası

İÇİNDEKİLER:
- Nane Brownie Isırmaları
- Tarçınlı Eggnog Panna Cotta
- Zencefilli kurabiye
- Çikolataya Daldırılmış Clementines
- Beyaz Çikolatalı Ahududu Trüf Mantarı
- Marshmallowlu Baharatlı Sıcak Çikolata

TALİMATLAR:
a) Nane keki ısırıklarını ve yumurta likörü panna cotta'yı düzenleyin.
b) Zencefilli kurabiyeleri ve çikolataya batırılmış clementinesleri yerleştirin.
c) Beyaz çikolatalı ahududu yer mantarlarını dağıtın.
ç) Baharatlı sıcak çikolatayı marshmallowlu kupalarda servis edin.

51.Erken Yaz Dut mutluluğu Tatlı Tahtası

İÇİNDEKİLER:
- Çilekli Kurabiye Şişleri
- Yaban Mersinli Limon Barları
- Ahududu Bademli Tartlets
- Böğürtlen Şerbeti
- Limon Haşhaş Muffins
- Karışık Meyveli Parfe

TALİMATLAR:
a) Çilekli kurabiye şişlerini ve yaban mersinli limon çubuklarını düzenleyin.
b) Ahududulu bademli tartletleri ve böğürtlen şerbetini yerleştirin.
c) Limonlu haşhaş tohumlu kekleri dağıtın.
ç) Karışık meyveli parfeleri ayrı bardaklarda servis edin.

52.Yaz Sonu Taş Meyveli Lokum Tatlı Tabağı

İÇİNDEKİLER:
- Şeftali Ayakkabıcı Barları
- Erik ve Badem Galette Dilimleri
- Nektarin ve Fesleğen Şerbeti
- Kayısı ve Fıstıklı Enerji Lokmaları
- Ballı Izgara Şeftali
- Vişneli Cheesecake Sosu

TALİMATLAR:
a) Şeftali barlarını ve erik-badem galette dilimlerini düzenleyin.
b) Nektarin ve fesleğen şerbeti ile kayısı-fıstık enerji lokmalarını yerleştirin.
c) Bal serpilmiş ızgara şeftalileri dağıtın.
ç) Vişneli cheesecake sosunu bir kasede servis edin.

53. Rahat Sonbahar Hasadı Tatlı Tahtası

İÇİNDEKİLER:
- Elmalı Gevrek Barlar
- Balkabaklı Whoopie Pies
- Tarçınlı Şeker Akçaağaç Kavrulmuş Fındık
- Kızılcık Portakallı Ekmek Dilimleri
- Akçaağaç Cevizli Meşe Palamudu Kurabiyeleri
- Karamelli Puding Kapları

TALİMATLAR:
a) Elmalı gevrek çubukları ve balkabaklı boğmaca turtalarını düzenleyin.
b) Tarçınlı şekerli akçaağaç kavrulmuş fındık ve kızılcık portakallı ekmek dilimlerini yerleştirin.
c) Akçaağaç cevizli meşe palamudu kurabiyelerini dağıtın.
ç) Karamela pudingi kaplarını küçük kaselerde servis edin.

54. Kış Harikalar Diyarı Tatlı Tahtası

İÇİNDEKİLER:
- Nane Kabuğu Brownie Isırmaları
- Eggnog Muhallebi Tart
- Şekerli Kızılcık
- Çikolataya Daldırılmış Pretzel Çubukları
- Baharatlı Portakallı Panna Cotta
- Kartopu kurabiyeleri

TALİMATLAR:
a) Nane kabuğundan brownie ısırıkları ve yumurtalı muhallebi tartları düzenleyin.
b) Şekerli kızılcıkları ve çikolataya batırılmış çubuk kraker çubuklarını yerleştirin.
c) Baharatlı portakallı panna cotta'yı serpin.
ç) Kartopu kurabiyelerini dekoratif bir düzenlemeyle servis edin.

TEMALI TATLI TAHTALARI

55.Film Gecesi Şarküteri Panosu

İÇİNDEKİLER:
- Patlamış mısır (tereyağlı, karamel veya peynir gibi)
- Çeşitli patlamış mısır baharatları (çiftlik, barbekü veya tarçın şekeri gibi)
- Çikolatalı şekerler veya çikolata kaplı patlamış mısır
- Çeşitli kuruyemişler (yer fıstığı, badem veya kaju fıstığı gibi)
- Tuzlu kraker veya mini tuzlu kraker çubukları
- Kurutulmuş meyveler (kızılcık veya kuru üzüm gibi)
- Çeşitli sinema atıştırmalıkları (şeker, meyan kökü veya sakızlı ayılar gibi)

TALİMATLAR:
a) Çeşitli patlamış mısır lezzetlerini büyük bir servis tahtası veya tabağa ayrı kaselere yerleştirin.

b) Çeşitli patlamış mısır baharatlarını patlamış mısır kaselerinin yanına yerleştirin.

c) Tatlı bir ikram için tahtaya çikolatalı şekerler veya çikolata kaplı patlamış mısır ekleyin.

ç) Daha fazla çıtırlık ve lezzet için tahtanın etrafına çeşitli kuruyemişleri, simitleri ve kurutulmuş meyveleri dağıtın.

d) Eğlenceli ve nostaljik bir dokunuş için şeker, meyan kökü veya sakızlı ayılar gibi çeşitli sinema atıştırmalıklarını ekleyin.

e) Servis yapın ve tadını çıkarın!

56. Patlamış Mısır Film Gecesi Şarküteri Panosu

İÇİNDEKİLER:

- Çeşitli patlamış mısır aromaları (tereyağlı, karamel veya peynir gibi)
- Çeşitli patlamış mısır baharatları (çiftlik, barbekü veya tarçın şekeri gibi)
- Çikolatalı şekerler veya çikolata kaplı patlamış mısır
- Çeşitli kuruyemişler (yer fıstığı, badem veya kaju fıstığı gibi)
- Tuzlu kraker veya mini tuzlu kraker çubukları
- Kurutulmuş meyveler (kızılcık veya kuru üzüm gibi)
- Çeşitli sinema atıştırmalıkları (şeker, meyan kökü veya sakızlı ayılar gibi)

TALİMATLAR:

a) Çeşitli patlamış mısır lezzetlerini büyük bir servis tahtası veya tabağa ayrı kaselere yerleştirin.
b) Çeşitli patlamış mısır baharatlarını patlamış mısır kaselerinin yanına yerleştirin.
c) Tatlı bir ikram için tahtaya çikolatalı şekerler veya çikolata kaplı patlamış mısır ekleyin.
ç) Daha fazla çıtırlık ve lezzet için tahtanın etrafına çeşitli kuruyemişleri, simitleri ve kurutulmuş meyveleri dağıtın.
d) Eğlenceli ve nostaljik bir dokunuş için şeker, meyan kökü veya sakızlı ayılar gibi çeşitli sinema atıştırmalıklarını ekleyin.
e) Servis yapın ve tadını çıkarın!

57.Taco Gece Şarküteri Kurulu

İÇİNDEKİLER:

- Çeşitli taco dolguları (baharatlı kıyma, kıyılmış tavuk veya ızgara sebzeler gibi)
- Ekmeği (un ekmeği veya mısır ekmeği gibi)
- Çeşitli soslar (kıyılmış marul, doğranmış domates, dilimlenmiş soğan veya doğranmış kişniş gibi)
- Dilimlenmiş jalapeno veya salamura jalapeños
- Guacamole veya dilimlenmiş avokado
- Salsa veya acı sos
- Ekşi krema veya Yunan yoğurdu

TALİMATLAR:

a) Taco dolgularını tercihinize göre pişirin (baharatlı kıyma, kıyılmış tavuk veya ızgara sebzeler).

b) Pişmiş taco dolgularını ayrı kaselere, geniş bir servis tahtasına veya tabağa yerleştirin.

c) Dolguların etrafına tortillaları ve kıyılmış marul, doğranmış domates, dilimlenmiş soğan veya doğranmış kişniş gibi çeşitli sosları düzenleyin.

ç) Tahtaya dilimlenmiş jalapeno veya salamura jalapeño, guacamole veya dilimlenmiş avokado, salsa veya acı sos ve ekşi krema veya Yunan yoğurdu ekleyin.

d) Konukların tortillaları istedikleri dolgu ve soslarla doldurarak kendi tacolarını oluşturmalarına izin verin.

e) Servis yapın ve tadını çıkarın!

58. Bahçe partisi Tatlı Tahtası

İÇİNDEKİLER:
- Çiçekli Kapkekler
- Berry ve Mascarpone Tartlets
- Yenilebilir Çiçek Kurabiye
- Limonlu Lavanta Madeleineleri
- Ballı Yoğurt Soslu Meyve Şişleri
- Gül Yapraklı Makaronlar
- Ahududu Gül Şerbeti

TALİMATLAR:
a) Çiçekli kekleri ve meyveli mascarpone tartletlerini düzenleyin.
b) Yenilebilir çiçekli kurabiyeleri ve limonlu lavantalı kurabiyeleri yerleştirin.
c) Meyve şişlerini ballı yoğurt sosuyla dağıtın.
ç) Gül yapraklı makaronları ekleyin ve ahududu gülü şerbetini ayrı kaplarda servis edin.

59. Plaj Partisi Tatlı Tahtası

İÇİNDEKİLER:
- Kumdan Kale Kapkekleri
- Plaj Topu Kek Çıkarır
- Deniz Kabuğu Çikolatalı Trüf
- Tropikal Meyve Şişleri
- Mavi Hawaii Jöle Bardakları
- Hindistan Cevizli Makaron
- ananas püresi

TALİMATLAR:
a) Kumdan kale kekleri ve plaj topu keklerini düzenleyin.
b) Deniz kabuklu çikolatalı yer mantarlarını ve tropik meyve şişlerini yerleştirin.
c) Mavi Hawaii jello bardaklarını dağıtın.
ç) Hindistan cevizi makaronlarını ekleyin ve ananas şerbetini ayrı kaplarda servis edin.

60.Kitap Severlerin Tatlı Tahtası

İÇİNDEKİLER:
- Açık Kitap Brownieleri
- Edebi Alıntı Çerezleri
- Kitap Kurdu Sakızlı Şekerler
- Çay Kapkekleri
- Kütüphane Kartı Mini Tartletler
- Roman Kapağı Kek Çıkarır
- Matcha Yer İmleri

TALİMATLAR:
a) Açık kitaplı kekler ve edebi alıntı kurabiyeleri düzenleyin.
b) Kitap kurdu sakızlı şekerlerini ve çay keklerini yerleştirin.
c) Kütüphane kartı mini tartletlerini dağıtın.
ç) Yeni kapaklı kek kalıplarını ekleyin ve yanında matcha yer imleri servis edin.

61. Oyun Gecesi Tatlı Tahtası

İÇİNDEKİLER:
- Satranç Taşı Kurabiyeleri
- Zar Kek Çıkarır
- Scrabble Mektup Brownie
- Şeker Poker Fişleri
- Oyun Kumandası Çikolatalı Lolipoplar
- Twister Kapkekler
- Candyland Gökkuşağı Marshmallow İkramları

TALİMATLAR:
a) Satranç parçalı kurabiyeleri ve zar kek kalıplarını düzenleyin.
b) Scrabble mektuplu kekleri ve şekerli poker çiplerini yerleştirin.
c) Oyun kumandasının çikolatalı lolipoplarını dağıtın.
ç) Twister kekleri ve şeker diyarı gökkuşağı marshmallow ikramlarını ekleyin.

62. Maskeli Balo Tatlı Tahtası

İÇİNDEKİLER:
- Maskeli Balo Maskesi Kurabiyeleri
- Altın Tozlu Çikolataya Daldırılmış Çilek
- Venedik Operası Kek Dilimleri
- Zarif Makaronlar
- Altın ve Siyah Petit Four'lar
- Meyveli Şampanya Şerbeti
- Kırmızı Kadife Yermantarları

TALİMATLAR:
a) Maskeli balo maskesi kurabiyelerini ve çikolataya batırılmış çilekleri düzenleyin.
b) Venedik operası pasta dilimlerini ve zarif makaronları yerleştirin.
c) Altın ve siyah petit fours'ları dağıtın.
ç) Çilek ve kırmızı kadife yer mantarı ile şampanya şerbetini ekleyin.

63. Uzay Araştırmaları Tatlı Tahtası

İÇİNDEKİLER:
- Galaksi Kapkekleri
- Gezegen Kek Popları
- Uzaylı Şekerli Kurabiyeler
- Göktaşı Çikolatalı Trüf
- Kozmik Donutlar
- Astronot Dondurmalı Sandviçler
- Yıldız Şeklinde Meyve Şişleri

TALİMATLAR:
a) Galaksi keklerini ve gezegen keklerini düzenleyin.
b) Uzaylı şekerli kurabiyeleri ve göktaşı çikolatalı yer mantarlarını yerleştirin.
c) Kozmik çörekleri dağıtın.
ç) Astronot dondurmalı sandviçleri ve yıldız şeklindeki meyve şişlerini ekleyin.

64.Karnaval Eğlenceli Tatlı Tahtası

İÇİNDEKİLER:

- Pamuk Şekerli Kapkekler
- Karamelli Elma Dilimleri
- Huni Kek Isırmaları
- Patlamış Mısır Marshmallow İkramları
- Şeker Kaplı Pretzel Çubukları
- Mini Soft Servis Dondurma Külahları
- Limonata Şerbeti

TALİMATLAR:

a) Pamuk şekerden kekleri ve karamelli elma dilimlerini düzenleyin.
b) Huni kek ısırıklarını ve patlamış mısır marshmallow ikramlarını yerleştirin.
c) Şeker kaplı çubuk kraker çubuklarını dağıtın.
ç) Mini yumuşak servis dondurma külahlarını ekleyin ve limonata şerbetini ayrı kaplarda servis edin.

65.Tropikal Luau Tatlı Tahtası

İÇİNDEKİLER:
- Ananaslı Hindistan Cevizli Kek Kareleri
- Mango Çarkıfelek Meyveli Makaronlar
- Pina Colada Cupcakes
- Tropikal Meyve Salatası Şişleri
- Hula Kız Şekerli Kurabiye
- Hindistan Cevizli Rom Mantarı
- Liçi Şerbeti

TALİMATLAR:
a) Ananaslı hindistan cevizli kek karelerini ve mangolu çarkıfelek meyveli makaronları düzenleyin.
b) Pina colada keklerini ve tropikal meyve salatası şişlerini yerleştirin.
c) Hula kızı şekerli kurabiyeleri dağıtın.
ç) Hindistan cevizi romlu yer mantarlarını ekleyin ve liçi şerbetini ayrı kaplarda servis edin.

66.Unicorn Fantazi Tatlı Tahtası

İÇİNDEKİLER:
- Gökkuşağı Tek Boynuzlu Kekler
- Tek Boynuzlu Kek Çıkarır
- Sihirli Değnek Şekerli Kurabiye
- Tek Boynuzlu Bezeler
- Renkli Pamuk Şeker
- Pastel Makaronlar
- Tek Boynuzlu At Kakası Çikolata Kabuğu

TALİMATLAR:
a) Gökkuşağı tek boynuzlu kekleri ve tek boynuzlu at keklerini düzenleyin.
b) Sihirli değnek şekerli kurabiyeleri ve tek boynuzlu at boynuzu kremalarını yerleştirin.
c) Üzerine renkli pamuk şekeri dağıtın.
ç) Pastel makaronları ve tek boynuzlu at kakalı çikolata kabuğunu ekleyin.

67. Müzik Festivali Vibes Tatlı Tahtası

İÇİNDEKİLER:
- Elektro Gitar Kurabiyeleri
- Festival Çiçek Kapkekleri
- Disko Topu Kek Çıkarır
- Rockstar Şeker Karışımı
- Batik Donutlar
- Müzik Notası Çikolata Kaplı Krakerler
- Gökkuşağı Şerbeti Push Pops

TALİMATLAR:
a) Elektro gitar kurabiyeleri ve festival çiçekli kekleri düzenleyin.
b) Disko topu pastalarını ve rock yıldızı şeker karışımını yerleştirin.
c) Batik çörekleri dağıtın.
ç) Müzik notası çikolata kaplı simit ekleyin ve gökkuşağı şerbeti push pop'ları servis edin.

68. Kış Harikalar Diyarı Tatlı Tahtası

İÇİNDEKİLER:

- Kar Tanesi Şekerli Kurabiye
- Nane Sıcak Çikolatalı Cupcakes
- Beyaz Çikolatalı Kızılcık Kabuğu
- Köpüklü Winterberry Jöle Bardakları
- Zencefilli Yermantarları
- Kış Harikalar Diyarı Pastası Pops
- Beyaz Çikolatalı Ahududu Cheesecake Lokmaları

TALİMATLAR:

a) Kar tanesi şekerli kurabiyeleri ve naneli sıcak çikolatalı kekleri düzenleyin.
b) Beyaz çikolatalı kızılcık kabuğunu ve köpüklü kış meyveli jöle kaplarını yerleştirin.
c) Zencefilli yer mantarlarını dağıtın.
ç) Kış harikalar diyarı keklerini ve beyaz çikolatalı ahududulu cheesecake ısırıklarını ekleyin.

69.Retro 80'lerin Geçmişe dönüş Tatlı Tahtası

İÇİNDEKİLER:
- Neon Renkli Kapkekler
- Rubik Küp Kurabiyeleri
- Pac-Man Kek Çıkarır
- Boombox Pirinç Krispie İkramları
- Jellybean Gökkuşağı
- Kaset Çikolata Barları
- Pop Rocks ile aşılanmış Candy Fudge

TALİMATLAR:
a) Neon renkli kekleri ve Rubik küp kurabiyelerini düzenleyin.
b) Pac-Man pastalarını ve müzik kutusu pirinç krispie ikramlarını yerleştirin.
c) Jöleli gökkuşağını dağıtın.
ç) Kaset bantlı çikolata barları ve pop rock'larla aşılanmış şekerlemeleri ekleyin.

70.Yaz Kampı Ateşi S'mores Tatlı Tahtası

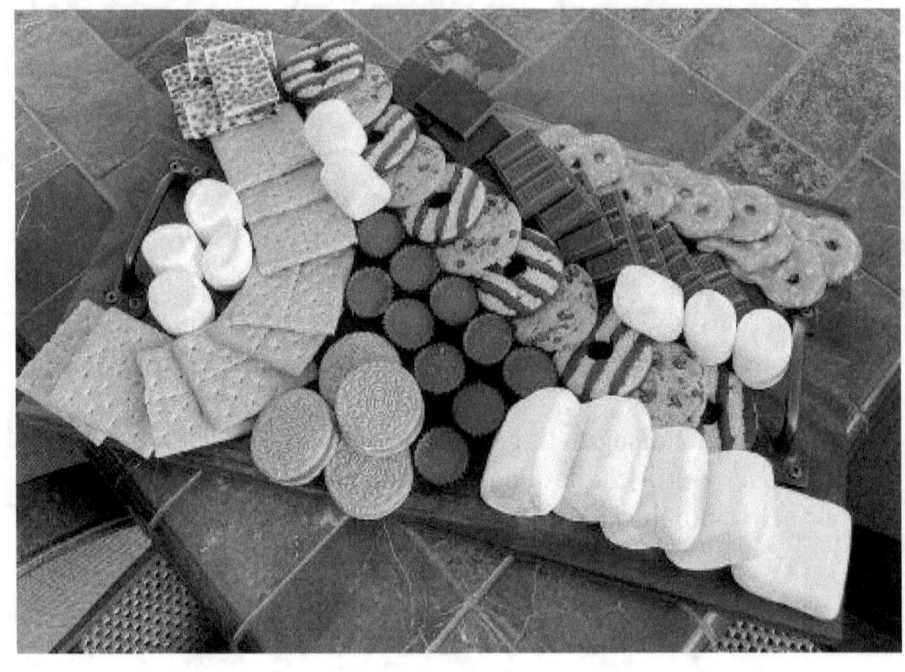

İÇİNDEKİLER:
- S'mores Barları
- Kamp Ateşi Kapkekleri
- Çikolataya Daldırılmış Pretzel Çubuğu "Kütükler"
- Hatmi Popları
- Trail Mix Kümeleri
- Graham Kraker Fudge Isırıkları
- Kavrulmuş Çilek S'mores Sosu

TALİMATLAR:
a) S'mores barları ve kamp ateşi kekleri düzenleyin.
b) Çikolataya batırılmış çubuk kraker çubuğu "kütükleri" ve hatmi şekerlerini yerleştirin.
c) Dağılım izi karışımı kümeleri.
ç) Graham kraker şekerleme ısırıklarını ekleyin ve kavrulmuş çilekli s'mores sosu servis edin.

71. Dedektif Gizem Tatlı Tahtası

İÇİNDEKİLER:
- Büyüteç Kurabiyeleri
- Dedektif Şapkalı Kekler
- Gizemli Anahtar Limonlu Turta Barları
- Sherlock Holmes Pipo Çikolatalı Pops
- Olay Yeri Çikolata Kaplı Çilek
- Whodunit Kırmızı Kadife Kek Topları
- Gizemli Harita Zencefilli Kurabiyeler

TALİMATLAR:
a) Büyüteçli kurabiyeleri ve dedektif şapkalı kekleri düzenleyin.
b) Gizemli limonlu pasta çubuklarını ve Sherlock Holmes çikolatalı çubuklarını yerleştirin.
c) Olay yerine çikolata kaplı çilekleri dağıtın.
ç) Whodunit kırmızı kadife kek toplarını ve gizemli harita zencefilli kurabiyeleri ekleyin.

72.Bahar Bahçesi Çay Partisi Tatlı Tahtası

İÇİNDEKİLER:

- Çiçekli Çay Kapkekleri
- Kelebek Şekerli Kurabiye
- Limonlu Mürver Çiçeği Kek Dilimleri
- Pastel Makaronlar
- Berry ve Nane Meyve Salatası
- Yenilebilir Çiçek Panna Cotta
- Lavanta Kurabiye Kurabiyeleri

TALİMATLAR:

a) Çiçekli çay kekleri ve kelebek şekerli kurabiyeleri düzenleyin.
b) Limonlu mürver çiçeği kek dilimlerini ve pastel makaronları yerleştirin.
c) Bir meyve ve nane meyve salatası dağıtın.
ç) Yenilebilir çiçek panna cotta ve lavanta kurabiyeleri ekleyin.

ÇİKOLATA TATLI TAHTALARI

73. Çikolatalı Şarküteri Tahtası

İÇİNDEKİLER:

- Çeşitli çikolatalar (bitter çikolata, sütlü çikolata veya beyaz çikolata gibi)
- Çikolata kaplı meyveler (çilek, muz dilimleri veya kuru kayısı gibi)
- Çikolatalı yer mantarı veya bonbon
- Çeşitli kuruyemişler (badem, fındık veya antep fıstığı gibi)
- Kraker veya bisküvi
- Taze meyveler (üzüm veya ahududu gibi)
- Üzerine sürmek için karamel veya çikolata sosu

TALİMATLAR:

a) Çeşitli çikolataları geniş bir servis tahtasına veya tabağa yerleştirin.
b) Çikolata kaplı meyveleri çikolataların yanına yerleştirin.
c) Lüks bir ikram için tahtaya çikolatalı yer mantarı veya bonbon ekleyin.
ç) Daha fazla doku ve lezzet için tahtanın etrafına çeşitli fındıklar dağıtın.
d) Konukların çikolatalara dalmaları veya kendi başlarına tadını çıkarmaları için simit veya bisküvi sağlayın.
e) Ferahlatıcı bir unsur olarak üzüm veya ahududu gibi taze meyveler ekleyin.
f) Çikolataların ve meyvelerin üzerine karamel veya çikolata sosunu gezdirin.
g) Servis yapın ve tadını çıkarın!

74.Şeker Diyarı 'Jarcuterie'

İÇİNDEKİLER:

- Çeşitli şekerler (sakızlı ayılar, meyankökü, M&M'ler veya jelibonlar gibi)
- Çikolata kaplı simit veya patlamış mısır
- Mini şekerlemeler
- Çeşitli kurabiyeler veya gofret çubukları
- Serpintiler veya yenilebilir parıltı
- Servis için küçük kavanozlar veya kaplar

TALİMATLAR:

a) Her küçük kavanozu veya kabı farklı türde şekerle doldurun.
b) Dolu kavanozları veya kapları büyük bir servis tahtası veya tabağa yerleştirin.
c) Tatlı ve tuzlu bir kombinasyon için tahtaya çikolata kaplı simit veya patlamış mısır ekleyin.
ç) Daha fazla doku için kavanozların etrafına mini marshmallow dağıtın.
d) Konukların şekerlere daldırabilmeleri veya kendi başlarına tadını çıkarabilmeleri için çeşitli kurabiyeler veya gofret çubukları sağlayın.
e) Şenlikli bir dokunuş için tahtaya renkli serpintiler veya yenilebilir parıltı serpin.
f) Servis yapın ve tadını çıkarın!

75. Meyve Tahtası

İÇİNDEKİLER:
- Çeşitli taze meyveler (örneğin üzüm, çilek, kavun, ananas vb.)
- Kurutulmuş meyveler (örneğin kayısı, hurma, incir vb.)
- Çeşitli kuruyemişler (badem, kaju fıstığı, antep fıstığı vb.)
- Servis için bal veya meyve sosu

TALİMATLAR:
a) Taze meyveleri yıkayıp hazırlayın, daha büyük meyveleri ısırık büyüklüğünde parçalar halinde kesin.
b) Taze meyveleri geniş bir servis tahtasına veya tabağa dizin.
c) Kurutulmuş meyveleri ve kuruyemişleri tutmak için tahtaya küçük kaseler veya ramekinler yerleştirin.
ç) Kaseleri ayrı kümeler oluşturarak kurutulmuş meyve ve kuruyemişlerle doldurun.
d) Taze meyvelerin üzerine bal gezdirin veya yanında küçük bir tabakta servis edin.
e) Servis yapın ve tadını çıkarın!

76. Kızılcık Çikolatalı Trüflü Tatlı Tahtası

İÇİNDEKİLER:
KRANBERRY ÇİKOLATALI TRUF İÇİN:
- 8 ons bitter çikolata, doğranmış
- 1/2 su bardağı kurutulmuş kızılcık
- 1/4 bardak ağır krema
- Yuvarlamak için kakao tozu veya pudra şekeri

TALİMATLAR:
KIZILCILI ÇİKOLATA trüf mantarları için:
a) Kıyılmış bitter çikolatayı ısıya dayanıklı bir kaseye koyun.
b) Bir tencerede ağır kremayı orta ateşte kaynamaya başlayıncaya kadar ısıtın.
c) Sıcak kremayı doğranmış bitter çikolatanın üzerine dökün ve bir dakika bekletin.
ç) Karışımı çikolata tamamen eriyene ve pürüzsüz hale gelinceye kadar karıştırın.
d) Kurutulmuş kızılcıkları çikolata karışımına ekleyin ve iyice birleşene kadar karıştırın.
e) Kaseyi kapatın ve karışımı en az 2 saat veya sertleşinceye kadar buzdolabında saklayın.
f) Soğuduktan sonra, trüf mantarı karışımını porsiyonlara ayırmak için bir kaşık veya küçük bir kepçe kullanın.
g) Her parçayı bir top haline getirin, ardından kakao tozu veya pudra şekeri ile kaplayın.
ğ) Yer mantarlarını parşömen kaplı bir tepsiye yerleştirin ve servis yapmaya hazır olana kadar buzdolabında saklayın.

TATLI TABASI İÇİN:
h) Kızılcık çikolatalı yer mantarlarını büyük bir servis tahtası veya tabağa yerleştirin.
ı) Tahtaya mini kurabiyeler, çikolata kaplı meyveler veya mini kekler gibi diğer çeşitli tatlıları ekleyin.
i) Konukların tatlıların tadını çıkarması için küçük tabaklar veya peçeteler sağlayın.
j) Servis yapın ve tadını çıkarın!

77.S'Mores Şarküteri Kurulu

İÇİNDEKİLER:
- Graham krakerleri
- Marşmelov
- Çikolata barları (sütlü çikolata veya bitter çikolata gibi)
- Çeşitli sürülebilir ürünler (fıstık ezmesi veya Nutella gibi)
- Dilimlenmiş çilek veya muz (isteğe bağlı)
- Kavrulmuş fındık (badem veya fıstık gibi)
- Çeşitli kurabiyeler (kurabiye veya çikolatalı kurabiye gibi)
- Marshmallowları kızartmak için şiş veya çubuklar

TALİMATLAR:
a) Büyük bir servis tahtası veya tabağa graham krakerlerini, marshmallowları ve çikolata barlarını düzenleyin.
b) Kraker, marshmallow ve çikolatanın yanına çeşitli soslar, dilimlenmiş çilek veya muz ve kavrulmuş fındık koyun.
c) Daha fazla tatlılık ve doku için tahtaya çeşitli kurabiyeler ekleyin.
ç) Konuklara marshmallow kızartmaları için şiş veya çubuk verin.
d) Konukların kavrulmuş marshmallowları, çikolatayı ve graham krakerlerinin arasına sürülecek ürünleri katlayarak kendi S'more'larını yaratmalarına izin verin.
e) Servis yapın ve tadını çıkarın!

78.Peynir Fondü Tahtası

İÇİNDEKİLER:
PEYNİR FONDÜ İÇİN:
- Fondü için çeşitli peynirler (Gruyère, Emmental veya Fontina gibi)
- Beyaz şarap veya sebze suyu
- Sarımsak, kıyılmış
- Mısır nişastası veya un
- Çeşitli kepçeler (ekmek küpleri, beyazlatılmış sebzeler veya elma dilimleri gibi)

TALİMATLAR
PEYNİR FONDÜ İÇİN:
a) Çeşitli peynirleri rendeleyin ve bir kenara koyun.
b) Bir fondü tenceresinde veya tencerede, beyaz şarabı veya sebze suyunu orta ateşte ısıtın.
c) Kıyılmış sarımsak ekleyin ve bir dakika pişmesine izin verin.
ç) Rendelenmiş peynirleri yavaş yavaş ekleyin, eriyene ve pürüzsüz hale gelinceye kadar sürekli karıştırın.
d) Ayrı bir kapta mısır nişastasını veya unu biraz suyla karıştırarak bulamaç hazırlayın.
e) Bulamacı peynir karışımına ekleyin ve koyulaşana kadar karıştırın.
f) Peynir fondüyü fondü kabına aktarın veya kısık ateşte sıcak tutun.
g) Çeşitli kepçelerle servis yapın.

PEYNİR FONDÜ PANOSU İÇİN:
ğ) Peynir fondü kabını veya tencereyi büyük bir servis tahtasının ortasına yerleştirin.
h) Ekmek küpleri, beyazlatılmış sebzeler veya elma dilimleri gibi çeşitli kepçeleri tencerenin etrafına yerleştirin.
ı) Konukların kepçelerini peynir fondüye batırmaları için fondü çatalları veya şişleri sağlayın.
i) Servis yapın ve tadını çıkarın!

79. Nefis Çikolatalı Fondü Şarküteri Tahtası

İÇİNDEKİLER:
ÇİKOLATA FONDÜ İÇİN
- Fondü için çeşitli çikolatalar (sütlü çikolata, bitter çikolata veya beyaz çikolata gibi)
- Ağır krema veya süt
- Çeşitli kepçeler (meyveler, marshmallowlar, kurabiyeler veya çubuk krakerler gibi)

TALİMATLAR:
ÇİKOLATA FONDÜ İÇİN:
a) Çeşitli çikolataları küçük parçalar halinde doğrayıp bir kenara koyun.
b) Bir tencerede ağır kremayı veya sütü orta ateşte kaynamaya başlayana kadar ısıtın.
c) Tencereyi ocaktan alıp doğranmış çikolataları ekleyin.
ç) Karışımı çikolata tamamen eriyene ve pürüzsüz hale gelinceye kadar karıştırın.
d) Çikolata fondüyü fondü kabına aktarın veya kısık ateşte sıcak tutun.
e) Çeşitli kepçelerle servis yapın.

ŞARKÜTERİ PANOSU İÇİN:
f) Çikolata fondü kabını veya tencereyi büyük bir servis tahtası veya tabağın ortasına yerleştirin.
g) Meyveler, marshmallowlar, kurabiyeler veya çubuk krakerler gibi çeşitli kepçeleri tencerenin etrafına yerleştirin.
ğ) Konukların kepçelerini çikolata fondüye batırmaları için şiş veya çatal sağlayın.
h) Servis yapın ve tadını çıkarın!

80. Decadent Çikolata Severler Tatlı Tahtası

İÇİNDEKİLER:
- Bitter Çikolatalı Yermantarları
- Çikolata Kaplı Çilek
- Üçlü Çikolatalı kek
- Çikolataya Daldırılmış Pretzel Çubukları
- Mini Çikolatalı Cheesecake'ler
- Nutella Dolgulu Çikolatalı Kurabiye
- Beyaz Çikolatalı Ahududu Bardakları

TALİMATLAR:
a) Bitter çikolatalı yer mantarlarını ve çikolata kaplı çilekleri düzenleyin.
b) Üçlü çikolatalı kekleri ve çikolataya batırılmış çubuk kraker çubuklarını yerleştirin.
c) Mini çikolatalı cheesecake'leri dağıtın.
ç) Nutella dolgulu çikolatalı kurabiyeler ve beyaz çikolatalı ahududu kapları ekleyin.

81.Klasik Çikolata Favoriler Tatlı Tahtası

İÇİNDEKİLER:
- Çikolatalı Mousse Bardakları
- Çikolatalı Fungi bravnileri
- Çikolata parçacıklı kurabiye
- Çikolata Kaplı Badem
- Çikolataya Daldırılmış Marshmallow
- Çikolatalı Cevizli Tart Dilimleri
- Sütlü Çikolatalı Karamelli Truffles

TALİMATLAR:
a) Çikolatalı mus bardaklarını ve çikolatalı şekerlemeli kekleri düzenleyin.
b) Çikolatalı kurabiyeleri ve çikolata kaplı bademleri yerleştirin.
c) Çikolataya batırılmış marshmallowları dağıtın.
ç) Çikolatalı cevizli tart dilimleri ve sütlü çikolatalı karamelli yer mantarlarını ekleyin.

82. Gurme Çikolata Tadım Tatlı Tahtası

İÇİNDEKİLER:
- Tek Kökenli Bitter Çikolata Barları
- Çikolata Kaplı Espresso Çekirdekleri
- Çikolata Kaplı Portakal Kabuğu
- Deniz Tuzlu Karamelli Çikolata
- Acılı Çikolatalı Trüf
- Fındıklı Pralin Çikolata
- Çikolatalı Ganache Tart Dilimleri

TALİMATLAR:
a) Tek kökenli bitter çikolata barlarını ve çikolata kaplı espresso çekirdeklerini düzenleyin.
b) Çikolata kaplı portakal kabuğu ve deniz tuzu karamelli çikolatayı yerleştirin.
c) Biberli çikolatalı yer mantarlarını dağıtın.
ç) Fındıklı pralinli çikolata ve çikolatalı ganajlı tart dilimlerini ekleyin.

83. Beyaz Çikolata Harikalar Diyarı Tatlı Tahtası

İÇİNDEKİLER:

- Beyaz Çikolatalı Ahududu Cheesecake Lokmaları
- Beyaz Çikolatalı Pretzel Kabuğu
- Hindistan Cevizli Beyaz Çikolatalı Trüf
- Beyaz Çikolataya Daldırılmış Çilek
- Limonlu Beyaz Çikolatalı Sarışınlar
- Fıstıklı Beyaz Çikolatalı Fudge
- Beyaz Çikolatalı Mus Atıcılar

TALİMATLAR:

a) Beyaz çikolatalı ahududu cheesecake ısırıklarını ve beyaz çikolatalı çubuk kraker kabuğunu düzenleyin.
b) Hindistan cevizi beyaz çikolatalı yer mantarlarını ve beyaz çikolataya batırılmış çilekleri yerleştirin.
c) Limonlu beyaz çikolatalı sarışınları dağıtın.
ç) Fıstıklı beyaz çikolatalı şekerleme ve beyaz çikolatalı mus atıcıları ekleyin.

84.Taşlı yolHoşgörü Tatlı Tahtası

İÇİNDEKİLER:
- Rocky Yolu Brownileri
- Çikolataya Daldırılmış Marshmallow Pops
- Fındıklı Çikolatalı Lokmalar
- Badem Sevinç Bardakları
- Çikolata Kaplı Pretzel Çubukları
- Üçlü Çikolatalı Patlamış Mısır
- Sütlü Çikolata Karamelli Fındık Salkımları

TALİMATLAR:
a) Kayalık yol keklerini ve çikolataya batırılmış marshmallowlu şekerlemeleri düzenleyin.
b) Fındıklı çikolatalı lokmaları ve bademli sevinç kaplarını yerleştirin.
c) Çikolata kaplı çubuk kraker çubuklarını dağıtın.
ç) Üçlü çikolatalı patlamış mısır ve sütlü çikolatalı karamelli fındık kümelerini ekleyin.

85.Naneli Çikolatalı Mutluluk Tatlı Tahtası

İÇİNDEKİLER:
- Nane Çikolatalı Cupcakes
- Acı çikolatalı ıslak kekler
- Andes Nane Çikolata Kaplı Çilek
- Peppermint Patties
- Naneli Çikolatalı Mousse Atıcılar
- İnce Nane Kurabiyesi
- Bitter Çikolata Nane Kabuğu

TALİMATLAR:
a) Naneli çikolatalı kekleri ve çikolatalı naneli kekleri düzenleyin.
b) And Dağları naneli çikolata kaplı çilekleri ve nane köftelerini yerleştirin.
c) Naneli çikolatalı mus atıcılarını dağıtın.
ç) İnce naneli kurabiyeleri ve koyu çikolatalı nane kabuğunu ekleyin.

86. Chocoholic'in Rüyası Tatlı Tahtası

İÇİNDEKİLER:
- Çikolatalı Lav Kekleri
- Fındıklı Çikolata
- Çikolata Kaplı Muz Lokmaları
- Üçlü Çikolatalı Cheesecake Dilimleri
- Çikolatalı Badem Salkımları
- Çikolataya Daldırılmış Hindistan Cevizli Makaron
- Bitter Çikolatalı Frambuazlı Tartlets

TALİMATLAR:
a) Çikolatalı lav keklerini ve fındıklı çikolatalı gevrekleri düzenleyin.
b) Çikolata kaplı muz ısırıklarını ve üçlü çikolatalı cheesecake dilimlerini yerleştirin.
c) Çikolatalı badem kümelerini dağıtın.
ç) Çikolataya batırılmış hindistan cevizli kurabiyeleri ve koyu çikolatalı ahududu tartletlerini ekleyin.

87.Karamelli Çikolatalı Lokum Tatlı Tahtası

İÇİNDEKİLER:

- Tuzlu Karamelli Çikolatalı Tart Dilimleri
- Karamelli Çikolatalı Pretzel Çubuklar
- Çikolatalı Karamelli Patlamış Mısır Kümeleri
- Samanyolu Cheesecake Lokmaları
- Karamel Dolgulu Çikolatalı Trüf
- Kaplumbağa Brownie Isırıkları
- Çikolatalı Karamelli Elmalar

TALİMATLAR:

a) Tuzlu karamelli çikolatalı tart dilimlerini ve karamelli çikolatalı çubuk kraker çubuklarını düzenleyin.

b) Çikolatalı karamelli patlamış mısır kümelerini ve Samanyolu cheesecake ısırıklarını yerleştirin.

c) Karamel dolgulu çikolatalı yer mantarlarını dağıtın.

ç) Kaplumbağa brownie ısırıklarını ve çikolatalı karamele batırılmış elmaları ekleyin.

88.S'mores Galore Tatlı Tahtası

İÇİNDEKİLER:

- S'mores Cupcakes
- Graham Kraker Brownie Isırmaları
- Çikolataya Daldırılmış Marshmallow Pops
- S'mores Kabuğu
- Mini S'mores Cheesecake'ler
- Kızarmış Hindistan Cevizli Çikolata Barları
- Bitter Çikolatalı S'mores Yermantarları

TALİMATLAR:

a) S'mores kekleri ve graham krakerli brownie ısırıklarını düzenleyin.
b) Çikolataya batırılmış hatmi şekerlerini ve s'mores kabuğunu yerleştirin.
c) Mini s'mores cheesecake'leri dağıtın.
ç) Kızarmış hindistan cevizli çikolata barları ve bitter çikolatalı trüf mantarlarını ekleyin.

89.Beyaz Çikolatalı Ahududu Romance Tatlı Tahtası

İÇİNDEKİLER:

- Beyaz Çikolatalı Frambuazlı Cheesecake Barlar
- Ahududu Çikolatalı Trüf
- Beyaz Çikolatalı Ahududu Sarışınları
- Ahududu Çikolatalı Tart Dilimleri
- Beyaz Çikolatalı Ahududu Mousse Bardak
- Bitter Çikolatalı Ahududu Şekerleme
- Ahududu Badem Çikolata Kabuğu

TALİMATLAR:

a) Beyaz çikolatalı ahududulu cheesecake barları ve ahududulu çikolatalı yer mantarlarını düzenleyin.
b) Beyaz çikolatalı frambuazlı sarışınları ve frambuazlı çikolatalı tart dilimlerini yerleştirin.
c) Beyaz çikolatalı ahududu mus bardaklarını dağıtın.
ç) Bitter çikolatalı ahududu şekerlemesini ve ahududu bademli çikolata kabuğunu ekleyin.

90. Fındıklı Çikolatalı Cennet Tatlısı Tahtası

İÇİNDEKİLER:
- Fındıklı Çikolatalı Tiramisu Bardakları
- Nutella dolgulu Çikolatalı Kruvasanlar
- Fındıklı Çikolatalı Trüf Pops
- Çikolatalı Fındıklı Cheesecake Lokmaları
- Fındıklı Çikolatalı Pretzel Kümeleri
- Çikolatalı Fındıklı Kremalı Kurabiye
- Fındıklı Çikolatalı Mus Atıcılar

TALİMATLAR:
a) Fındıklı çikolatalı tiramisu fincanlarını ve Nutella dolgulu çikolatalı kruvasanları düzenleyin.

b) Fındıklı çikolatalı trüf mantarlarını ve çikolatalı fındıklı cheesecake ısırıklarını yerleştirin.

c) Fındıklı çikolatalı çubuk kraker kümelerini dağıtın.

ç) Çikolatalı fındıklı kremalı kurabiyeleri ve fındıklı çikolatalı mus atıcılarını ekleyin.

91.Çikolataya batırılmış lezzetler tatlı tabağı

İÇİNDEKİLER:
- Çikolataya Daldırılmış Çilek
- Çikolataya Daldırılmış Muz
- Çikolataya Daldırılmış Pretzel Twists
- Çikolataya Daldırılmış Hindistan Cevizli Makaron
- Çikolataya Daldırılmış Portakal Dilimleri
- Çikolataya Daldırılmış Karamelli Elmalar
- Çikolata Kaplı Üzüm

TALİMATLAR:
a) Çikolataya batırılmış çilekleri, muzları ve tuzlu krakerleri düzenleyin.
b) Çikolataya batırılmış hindistan cevizli makaronları ve portakal dilimlerini yerleştirin.
c) Çikolataya batırılmış karamelli elmaları dağıtın.
ç) Çeşitli daldırma lezzetleri için çikolata kaplı üzümleri ekleyin.

MEYVE ODAKLI TATLI TAHTALARI

92. Dut mutluluğuBonanza Tatlı Tahtası

İÇİNDEKİLER:

- Karışık Berry Tartlets
- Yaban Mersinli Limonlu Cheesecake Lokmaları
- Çilekli Kurabiye Şişleri
- Ahududu Badem Barları
- Blackberry Panna Cotta Bardaklar
- Berry Parfe Atıcılar
- Çikolataya Daldırılmış Çilek

TALİMATLAR:

a) Karışık meyveli tartletleri ve yaban mersinli limonlu cheesecake ısırıklarını düzenleyin.
b) Çilekli kurabiye şişlerini ve ahududu badem çubuklarını yerleştirin.
c) Blackberry panna cotta bardaklarını dağıtın.
ç) Meyveli parfe atıcıları ve çikolataya batırılmış çilekleri ekleyin.

93.Tropikal Meyve Cenneti Tatlı Tahtası

İÇİNDEKİLER:
- Ananaslı Hindistan Cevizli Kek Kareleri
- Mango Şerbeti
- Kivi Limonlu Tartlets
- Passionfruit Mousse Bardaklar
- Hindistan Cevizli Makaron
- Ejderha Meyveli Dondurmalar
- Tropikal Meyve Salatası Şişleri

TALİMATLAR:
a) Ananaslı hindistan cevizli kek karelerini ve mango şerbetini düzenleyin.
b) Kivi limonlu tartletleri ve çarkıfelek meyvesi köpüğü kaplarını yerleştirin.
c) Hindistan cevizli makaronları dağıtın.
ç) Ejderha meyveli dondurmaları ve tropikal meyve salatası şişlerini ekleyin.

94. Narenciye Patlaması Extravaganza Tatlı Tahtası

İÇİNDEKİLER:

- limon çubuğu
- Portakallı Kremalı Dondurmalar
- Greyfurt Brûlée
- Limonlu Hindistan Cevizli Kekler
- Narenciye Makaronları
- Limonlu Yaban Mersinli Tartlet
- Kan Portakalı Şerbeti

TALİMATLAR:

a) Limon çubuklarını ve portakal kremalı dondurmaları düzenleyin.
b) Greyfurtlu brûlée ve limonlu hindistan cevizli kekleri yerleştirin.
c) Narenciye makaronlarını dağıtın.
ç) Limonlu yaban mersinli tartletleri ekleyin ve kan portakalı şerbetini ayrı kaplarda servis edin.

95.Orchard Hasat Lezzetleri Tatlı Tahtası

İÇİNDEKİLER:
- Karamelli Elma Dilimleri
- Şeftali Melba Mini Turtalar
- Erik Kuchen Barları
- Kayısılı Bademli Tart Dilimleri
- Berry ve Elma Elma Şarabı Çörek Delikleri
- Ballı Izgara Şeftali
- Karışık Meyve Kabobları

TALİMATLAR:
a) Karamelli elma dilimlerini ve şeftalili melbalı mini turtaları düzenleyin.
b) Erikli kuchen barları ve kayısılı bademli tart dilimlerini yerleştirin.
c) Meyve ve elma şarabı çörek deliklerini dağıtın.
ç) Ballı ızgara şeftalileri ve karışık meyve kebaplarını ekleyin.

96.Kavun Karışık Tatlı Tahtası

İÇİNDEKİLER:

- Karpuzlu Dondurmalar
- Kavun Nane Şerbeti
- Honeydew Fesleğen Meyve Salatası
- Kavun Topu Şişleri
- Kivi Limonlu Hindistan Cevizli Chia Puding Bardakları
- Mango Kavun Agua Fresca Atıcılar
- Berry Kavun Gazpacho Atıcılar

TALİMATLAR:

a) Karpuzlu dondurmaları ve kavunlu nane şerbetini düzenleyin.
b) Tatlı fesleğen meyve salatası ve kavun topu şişlerini yerleştirin.
c) Kivi limonlu, hindistancevizli chia puding kaplarını dağıtın.
ç) Mango kavunu agua fresca atıcılarını ve meyveli kavun gazpacho atıcılarını dahil edin.

97. Egzotik Meyve Macerası Tatlı Tahtası

İÇİNDEKİLER:

- Lychee Gülsuyu Şerbeti
- Papaya Limonlu Sorbetto Bardakları
- Biber Tuzlu Yıldız Meyvesi Dilimleri
- Çarkıfelek Pavlova Yuvaları
- Guava Makaronları
- Jackfruit Hindistan Cevizli Sütlaç Kavanozları
- Ejder Meyveli Cheesecake Barları

TALİMATLAR:

a) Liçi gül suyu şerbeti ve papaya misket limonu şerbeti bardaklarını düzenleyin.
b) Yıldız meyvesi dilimlerini biber tuzu ve çarkıfelek meyvesi pavlova yuvalarıyla birlikte yerleştirin.
c) Guava makaronlarını dağıtın.
ç) Nefesli, hindistancevizli sütlaç kavanozlarını ve ejderha meyveli cheesecake barlarını ekleyin.

98.Yaz meyvesiFiesta Tatlı Tahtası

İÇİNDEKİLER:
- Çilekli Fesleğenli Kurabiye Kapları
- Yaban Mersinli-Limonlu Dondurmalar
- Ahududu Hindistan Cevizli Sütlaç Kavanozları
- Böğürtlen Nane Limonata Şerbeti
- Karışık Berry Galette Dilimleri
- Berry Yoğurt Parfe Atıcılar
- Berrylicious Çikolata Kaplı Pretzel Çubukları

TALİMATLAR:
a) Çilekli fesleğenli kurabiye kaplarını ve yaban mersini-limonlu dondurmaları düzenleyin.
b) Ahududu Hindistan cevizli sütlaç kavanozlarına ve böğürtlen naneli limonata şerbetini yerleştirin.
c) Karışık meyveli galette dilimlerini dağıtın.
ç) Meyveli yoğurt parfe atıcılarını ve meyveli çikolata kaplı çubuk kraker çubuklarını ekleyin.

99.Narenciye Karnavalı Tatlı Tahtası

İÇİNDEKİLER:
- Portakallı Kremalı Cupcakes
- Greyfurt Granita Bardakları
- Limonlu Haşhaş Tohumlu Çörekler
- Limonlu Fesleğen Şerbeti
- Narenciye Mascarpone Tart Dilimleri
- Clementine Çikolataya Daldırılmış Şekerler
- Şekerlenmiş Limon Kabuğu

TALİMATLAR:
a) Portakal kremalı kekleri ve greyfurt granita kaplarını düzenleyin.
b) Limonlu haşhaş tohumlu çörekler ve limonlu fesleğen şerbetini yerleştirin.
c) Narenciye mascarpone tart dilimlerini dağıtın.
ç) Clementine çikolataya batırılmış şekerleri ve şekerlenmiş limon kabuğunu ekleyin.

100.Mango Delilik Tatlı Tahtası

İÇİNDEKİLER:
- Mango Yapışkan Pirinç Parfe Kavanozları
- Mango Şerbeti
- Hindistan Cevizi Mango Sütlaç Bardakları
- Passionfruit Mango Cheesecake Barları
- Tarçınlı Şeker Tortilla Cipsli Mango Fesleğen Salsa
- Mango Hindistan Cevizli Makaron
- Tropikal Mango Smoothie Atıcılar

TALİMATLAR:
a) Mangolu yapışkan pirinç parfe kavanozlarını ve mango şerbetini düzenleyin.
b) Hindistan cevizi mangolu sütlaç kaplarını ve çarkıfelek meyveli mangolu cheesecake çubuklarını yerleştirin.
c) Tarçınlı şekerli tortilla cipsi ile mango fesleğen salsasını dağıtın.
ç) Mangolu hindistan cevizli kurabiyeleri ekleyin ve tropikal mangolu smoothie atıcılarını ayrı kaplarda servis edin.

ÇÖZÜM

"Komple Tatlı Tahtaları Tarif Kitabı" ile keyifli yolculuğumuzu tamamlarken, tatlıları görsel ve mutfak şaheserine dönüştürmenin mutluluğunu yaşadığınızı umuyoruz. Bu sayfalardaki her tarif, sunum sanatının, tatlı çeşitliliğinin ve tatlıları ortak bir ortamda paylaşmanın keyfinin bir kutlamasıdır; tatlı tahtalarının masaya getirdiği yaratıcılığın ve hoşgörünün bir kanıtıdır.

İster çikolatalı fondü tabaklarının zenginliğinin tadına varın, ister meyve ve peynir soslarının tazeliğinden keyif alın, ister zarif hamur işlerinin tatlılığından memnun olun, bu tariflerin size kendi görsel açıdan büyüleyici tatlı tabaklarınızı yaratmanız için ilham verdiğine inanıyoruz. Malzemelerin ve tekniklerin ötesinde, tatlı tahtaları konsepti bir neşe, bağlantı ve paylaşılan keyif anları kaynağı haline gelsin.

Tatlı tahtaları dünyasını keşfetmeye devam ederken, tatlı oyununuzu geliştiren ve her olayı tatlı bir kutlamaya dönüştüren çeşitli lezzetli seçenekler konusunda size rehberlik eden "Komple Tatlı Tahtaları Tarif Kitabı" güvenilir arkadaşınız olabilir. İşte güzel anılar yaratmak ve en iyi tahta deneyiminin tadını çıkarmak için; tatlı anlar sizi bekliyor!

www.ingramcontent.com/pod-product-compliance
Lightning Source LLC
Chambersburg PA
CBHW071910110526
44591CB00011B/1618